JN098590

若者をまちづくりに巻き込むための

政策立案ハンドブック

多様な成功事例からよくわかる進め方のポイント

松下 啓一【著】

第一法規

はじめに

　枕詞のように言われる超高齢社会は、リアルなこととして、まちや地域の機能にダメージを与えるようになってきた。さらに、その影響は、まちそのものの持続可能性にまで及んでいる。

　まちや地域を支える若者が参画しなくなることで、祭りや行事が休止に追い込まれている。まちや地域が本来持つ福祉機能・環境維持機能も、担い手の点から弱体化してきた。

　このように、まちや地域の存亡に関わる事態があらわになるなかで、あらためて若者をまちや地域に巻き込むことの意義が再確認され、これを政策として構築することが、自治体にとっては急務であることが強く意識されるようになってきた。若者参画は、自治体の生き残り戦略ともいえる。

　このように若者参画政策の意義や必要性は、急速に理解されるようになったが、難しいのは、その政策化である。

　若者参画政策は新しい政策なので、その全体像についての共通理解はできていない。先行事例も少ないので、この政策の意義や内容を行政内部や議会に理解してもらうのも容易ではない。また政策化しても、実際の運用段階で、本当に機能するものとなるのか、不安も大きい。

　本書は、政策担当者のこうした悩みに答えながら、若者参画を自治体の政策として確立していくための道すじを具体的に示すものである。それを単にあるべき論からではなく、実務的、実践的な観点から、できる限り具体的に論じている。

　その背景となっているのが、私自身の若者参画政策への関わりである。

　私が、若者参画政策の研究を始めたのは、2011年である。神奈川県市町村研修センターで自治体職員と研究を始めたが、その時のメンバーの言葉が忘れられない。「こんな事を考えている自治体職員は全国でもいないだろうな」。その研究の集大成は、『若者参画条例の提案』（萌書房・2018年）に結実している。

実践では、2012年から相模原市南区区民会議で、若者参画の仕組みづくりや諸事業を行ってきた。地域における課題のひとつが、若者参画であるという声から、さまざまな取り組みを行った。その到達点のひとつが、地域への若者参画のノウハウをまとめた『まちづくりのトリセツ』（相模原市南区役所）で、ここには若者参画のコツが、凝縮されている。区民会議の若者参画の取り組みから、まちづくりの若者集団「若者参加プロジェクト実行委員会（若プロ）」が生まれ、今日では、相模原市南区区民会議の活動は、若プロなしでは動かないくらい重要な存在に成長した。

　勤務先の大学におけるゼミテーマは、若者の地域参画であり、その延長線で、学生と地域団体をつなぐ学生たちのサークル「まちプロ」が生まれている。これは、大学に入って、新たなことに挑戦したいと考えている若者と若者に来てほしい地域活動団体をマッチングするプロジェクトである。若者の地域参画のノウハウは、本書の前著に当たる『事例から学ぶ 若者の地域参画 成功の決め手』（第一法規・2020年）にまとめている。

　愛知県新城市は、若者参画政策の先頭を走るが、その企画の最初からアドバイザーとして関わってきた。新城市の若者政策・若者議会については、『自治体若者政策・愛知県新城市の挑戦―どのように若者を集め、その力を引き出したのか』（萌書房・2017年）に詳しく書いた。

　本書は、これら研究・実践を踏まえて、自治体生き残り戦略としての若者参画政策のつくり方を示すものである。

　本書の刊行にあたっては、今回も第一法規（株）制作局編集第二部の小川優子さんにお世話になった。小川さんは、私のブログでは、ユコリンの愛称で、しばしば登場するが、ずいぶんと長い付き合いになった。誠実な人柄であることから、安心して任せられる編集者である。これは、ユコリンが駆け出しの編集者のころから、ずっと変わらない。

　本書を手がかりに、全国の自治体で若者参画の政策づくりが進めば、著者としては、うれしい限りである。

2022年5月　松下 啓一

若者をまちづくりに巻き込むための
政策立案ハンドブック
多様な成功事例からよくわかる進め方のポイント

はじめに

Ⅰ　若者参画政策の全体像がわからない

Ⅲ　どこから手をつけてよいか、そのプロセスがわからない

IV 機能する(動く)政策にできるか不安である

V オンラインと若者参画

若者参画政策の
全体像がわからない

若者参画政策とは何か。
その全体像を最初に頭に入れておこう。

1
若者参画政策の背景
——若者参画が政策の対象になってきた

（1）若者が地域や社会に参画するシステム

かつては若者が地域や社会に参画するシステムがたくさんあった。

・若者参画政策とは

　若者参画政策とは、若者の社会的自立に着目して、すべての若者が、自治体の政策形成及び地域づくり・まちづくりに積極的に参画し、闊達に意見を述べ、活き活きと活動することを後押しする政策である。

　若者参画が政策の対象となるのは、移行期の長期化、個人化・多様化と若者を取り巻く地域や社会の変化がある。

　若者が大人になっていく過程には、

① 子ども・学生時代に社会生活、職業生活の基礎固めをし（自己形成・人格的自立）

② 学校を卒業して仕事につき、親から独立した生活基盤を築き（経済的自立）

③ 社会のメンバーとして責任を果たし、社会に参画する（社会的自立）

というプロセスがある。

　これを移行期というが、かつてはこの移行が、スムーズに行われたため、特に困難を抱える若者を除いては、若者は政策対象とは考えられてこなかった。

　ところが、1990年代以降になって、若者の移行期間が長期化し、また移行パターンが個人化・多様化してくることで、若者全体に移行がスムーズにいかなくなり、若者が政策課題となってきた。

　移行期間の長期化の一例が、大学進学率の増加である。1960年ころには10%前後だった大学進学率は、高度経済成長期に上昇し、70年代には30%台後半に達した。その後は横ばいとなるが、バブル後の90年代半ばから再び上昇し、50%を超えるようになった。その分、親や家族に依存する期間が長期化する。

　さらには学校を卒業後も、経済環境の悪化や就業構造が転換するなかで、うまく就職できる若者、できない若者に分かれ、移行パターンも人それぞれとなっていく。

資料 I - 1　大学・短期大学への進学率の推移

（出典）平成17年度版青少年白書（内閣府）

　若者を取り巻く地域や社会の変化も、若者の移行に大きな影響を与えるようになった。

　かつては、若者が参画するシステムがたくさんあった。村の青年団や若者宿などであるが、地方によっては、一定の年齢に達すれば、普通に青年団に入り、そのなかで祭りの運営や企画、伝統文化の保存・継承、地域の清掃・衛生などの活動に関わっていった。

　しかし、社会経済構造が大きく変化するなかで、こうした「若者の社会的

自立装置」（若者育成共済機能）はどんどん消失していった。その分、若者の社会的自立を支えるための政府・自治体の役割が、ひときわ重要になり、そこから、自治体による若者参画政策が注目されるようになってきた。

・地域の若者揺籃機能の弱体化

　自治会・町内会等の地域コミュニティも、若者の自立を促進する組織のひとつである。

　自治会・町内会等の意義・機能は、大別すると次の２つがある。

　①住民福祉機能。交通安全、防犯、非行防止・青少年育成、防火・防災、消費生活、資源回収、福祉、環境・美化、清掃・衛生、生活改善等といった地域の住民の暮らしにまつわる事項をテーマに、その推進、課題解決を図る機能である。

　②親睦機能。地域の人びとの交流と親睦の促進に関する活動で、お祭、運動会、文化祭、各種イベント等がある。住民福祉機能を十分に果たすには、相互の理解、共感が必要だからである。

　自己形成・人格的自立にとって大事な点は、気の合う友人や家族だけでなく、自分と意見や常識が異なる人たちとコミュニケーションを取り、一定の関係性を維持しながら、相応の結論を導けるようにすることにある。地域は、さまざまな体験を通して、あいさつなどの基本的な生活習慣、約束を守るといった規範意識、コミュニケーション能力の醸成など、家庭や学校では身につけることのできないルールや社会規範を学ぶ場でもある。

　また自治会・町内会等には、交通安全、防犯、非行防止等の住民福祉機能があるが、若者が、住民の暮らしにまつわるこれら公共活動に関わることで、他者や社会との関わりを持っていく。地域活動を通して、公共的な興味・関心を養う機会ともなる。

　このように、地域は若者の自己形成・人格的自立や社会的自立にとって重要な存在で、地域は若者を大人にする揺籃機能を持っている。

　しかし、その担い手である自治会・町内会等が、さまざまな課題を抱え、

その揺籃機能を十分に果たせなくなってきた。

　例えば、参加者減少である。日本都市センターの調査では、2000 年と 2013 年を比較すると、自治会・町内会へ「5 割以下が加入」が 3 倍程度に増え、「全員加入している」という趣旨の回答が、大幅に減少している（25.4% から 0.6% に）。

　その背景としては、共働き世帯の増加などライフスタイルの変化、アパートやマンションなど住環境の変化等によって、地域のつながりが希薄化し、地域が果たしている機能の軽視等がある。

資料Ⅰ－2　自治会加入率の変化

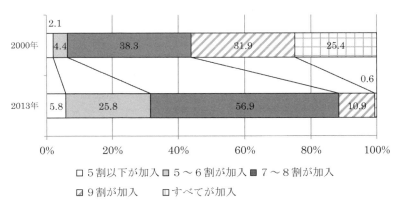

（出典）『地域コミュニティと行政の新しい関係づくり　～全国 812 都市自治体へのアンケート調査結果と取組事例から～』
公益財団法人日本都市センターをもとに筆者が作成

・若者を育てない会社

　これまで企業も、終身雇用、年功賃金、企業福祉などが一体となって、若者の自己形成・人格的自立、経済的自立、社会的自立に寄与してきた。しかし、近年の厳しい経営環境のなかで、終身雇用、年功賃金などの日本型雇用制度・慣行が崩れるとともに、企業福祉の維持が困難になってきた。企業の持つ若者を自立させる機能（揺籃機能）が、急速に消失、弱体化してしまった。

企業福祉は、使用者が労働者やその家族の健康や生活福祉を向上させるために行う諸施策で、法定福利厚生（社会保険料の事業主負担分など）のほか、企業が従業員等向けに任意で実施する、社宅や独身寮、運動施設や保養所などの余暇施設、文化・体育・レクリエーション活動の支援などの法定外福利厚生がある。一般社団法人日本経済団体連合会の「福利厚生費調査結果報告」によると、企業における法定外福利費は、2018年には増加しているものの、1996年度をピークに減少傾向になっている。

資料Ⅰ－3　法定外福利費の推移

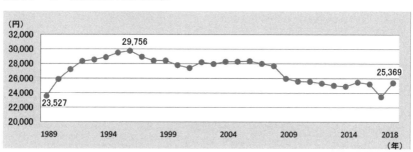

（出典）令和2年度　厚生・労働白書

・若者をシラケさせる政治

　20歳代と60歳代を比較すると、人口構成比では、20歳代（10.3%）と60歳代（14.4%）と1.5倍近い差があり、投票率（第48回衆議院議員総選挙）でみても、20歳代前半（30.69%）と60歳代後半（73.35%）とでは、2倍以上の差がある。

　当選を目指す首長や議員は、人口も多く、投票率も高い高齢者の声に耳を傾け、高齢者のニーズに合わせた政策を提案するのが合理的な行動ということになる。高齢化社会のなかで多数を占める高齢者、しかも投票率が高い高齢者の意向によって、政策が決まっていくことになる。シルバーデモクラシーの問題である。

　しかし、この状態を放置したままで、若者の思いに応えられなければ、若者は、ますますシラケ、政治から遠い存在になってしまう。

　国の政策に国民の考えや意見がどの程度反映されていると思うか聞いた調査（平成26年度社会意識に関する世論調査）では、「反映されていない」とする者の割合は20歳代、30歳代が高くなっている。

資料Ⅰ-4　国の政策への民意の反映

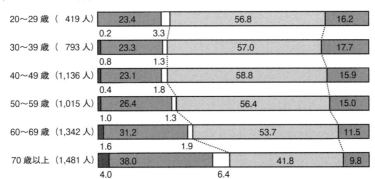

かなり反映されている／ある程度反映されている／わからない／あまり反映されていない／ほとんど反映されていない

（出典）平成26年度社会意識に関する世論調査（一部変更）

・自己責任論の逆風

　以上のように、若者を大人にする共助システムが弱体化するなか、本来ならば、それに代わる新たな共助システムの構築に向かうべきであるが、国や社会が示したのが、自己責任論である。それに大人たちが賛同して、大きな流れになった。自分たちは、会社や地域といった共助システムに育てられたことを忘れ、「今の若者は……」という議論である。

　結局、若者は、独力で、自己形成・人格的自立、経済的自立、社会的自立をすることが求められることになる。これは若者にとっては、膨大なコストと多大な困難性を伴うが、これを乗り越えるのは、若者だけではできないので、親の経済力の違いとなって現れる（おやじセーフティネットの有無）。

親の庇護を受けられない若者は、諦めからくる絶望、理不尽ではないかという静かな怒り、身に余る責任から、さらに追い詰められていくことになる。

（2）若者へ高まる期待

　若者を取り巻く環境は厳しさを増す反面、若者に対する期待は高まっている。

・少子高齢社会とその背負い手

　日本では、2008年を境に本格的に人口減少時代に入った。国立社会保障人口問題研究所の推計では、2008年に約1億2,808万人いた人口も、2050年には約9,500万人になると予想されている。他方、高齢化率は上昇し、その結果、社会保障給付費も、1965年の1.6兆円が、1990年には47.2兆円、2025年には140.6兆円、2040年には190兆円になると予想されている。

　言いかえると、1965年は、1人の高齢者を約9人で支える「胴上げ型社会」であったものが、今日では、支え手が3人弱に減少する「騎馬戦型社会」に、そして2050年ころには1人が1人を支える「肩車型社会」になる。

資料Ⅰ-5　少子高齢社会とその背負い手

（出典）政府広報・内閣府官房作成パンフレット『明日の安心　社会保障と税の一体改革を考える』

　その支え手である若者を公共の担い手としてきちんと評価し、位置付け、さらなる奮闘の後押しをしなければ、もはや社会は持続できない。若者参画は、私たちの社会維持のための不可欠な政策で、私たち社会の生き残り戦略でもある。

・停滞社会・縮減社会の打破

　縮減社会とは、人口減少と少子高齢化の進展によって、経済も人の活動も縮小する社会である。これまでは、ずっと成長（量の増加）を前提とする社会であったが、それが終焉し、見直すときになったということである。

　人口減少の影響をもろに受けるのが、税収である。市町村の主な税収源は、個人市町村民税と固定資産税であるが、個人市町村民税は、人口減少の影響を直接に受ける。固定資産税も間接的には影響を受ける。都道府県では、都道府県民税が大きな影響を受けることになる。また約９割の自治体は、地方交付税の交付団体であるが、地方交付税の原資である所得税や消費税等の国税も、人口減少の影響を受けることになる。

　もはや税金のみを原資とする社会づくりは困難で、そこで、もうひとつの資源、つまり、市民、とりわけ若者の発想、行動力等が注目されるようになった。

・まちや地域の活動に活を入れる

　地域活動は、厳しい状況になっている。役員の負担増、役員のなり手がないなどの課題は、どこの自治会・町内会も抱えている。そのなかで、若者の魅力は、大人たちでは思いつかない独創的な発想である。前例や慣習にとらわれない新しいアイディアが、例年通りになりがちな、まちや地域の活動に活を入れる。

　若者らしい発想に出会うと、学ぶ機会が少なくなっている大人たちが、若者を通して、自らを省みる良い機会になる。

　ＳＮＳなど、新しい技術には日進月歩であるが、大人たちには手に余り、難渋しているなか、若者は、いとも簡単に対応する。まちや地域の活動にも

新しい技術を取り入れることは大事なことで、その面で、若者は頼りになる存在でもある。

　そしてなによりも、若者がいるだけでウキウキし、それだけで元気になる。

資料Ⅰ─6　町内会活動の課題（安城市）

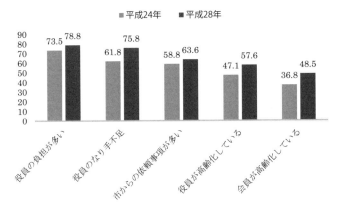

（出典）安城市 市民協働に関する町内会アンケート 調査報告書をもとに筆者作成

(3) 不足する法律・国の政策

　このように若者に対する期待がますます高まるなか、依然として、若者は厳しい現状に置かれている。そのギャップを埋める国の政策は、十分とはいえない。

・子どもに対する法律・制度は多い

　子どもに関する諸課題（子どもの虐待、自殺、事故、不登校、いじめ、貧困、ＤＶ、非行、教育格差等）に対しては、医療・保健・療育・福祉・教育・警察・司法等の各分野から取り組みが行われている。

　児童福祉関連だけでも、子ども・子育て支援法、児童福祉法、次世代育成支援対策推進法、母子保健法、子ども・若者育成支援推進法、子供の貧困対

策の推進に関する法律、母子及び父子並びに寡婦福祉法、児童虐待防止法、成育基本法などがあり、教育基本法、少年法などの関連法も多い。

　子どもをめぐるこれら諸問題を幅広く、整合性をもって対応するため、府省庁横断の一貫性を確保するため、「子ども家庭庁」も設置された。

・基本は 18 歳までが対象

　困難や課題を抱える若者は、保護の対象になり、政策分野も教育、保健医療、福祉、文化、健全育成など幅広い方面に及んでいる。しかし、法律は 18 歳を上限とするものが多い。

資料Ⅰ－7　各種法令による子ども・若者の年齢区分

法律名	呼称等	若者の年齢定義
児童福祉法	児童	18 歳未満の者
児童虐待の防止等に関する法律	児童	18 歳未満の者
母子及び父子並びに寡婦福祉法	児童	20 歳未満
児童手当法	児童	18 歳に達する日以後の最初の 3 月 31 日までの間にある者
児童買春、児童ポルノに係る行為等の規制及び処罰並びに児童の保護等に関する法律	児童	18 歳未満の者
インターネット異性紹介事業を利用して児童を誘引する行為の規制等に関する法律	児童	18 歳未満の者
青少年が安全に安心してインターネットを利用できる環境の整備等に関する法律	青少年	18 歳未満の者
子ども・子育て支援法	子ども	18 歳に達する日以後の最初の 3 月 31 日までの間にある者
次世代育成支援対策推進法	子ども・若者	概ね 18 歳まで及び子育て家庭
子ども・若者育成支援推進法	子ども・若物	法律上の規定なし。「子ども・若者ビジョン」において、若者を「思春期、青年期の者。施策によっては 40 歳未満までのポスト青年期の者も対象」 ★思春期…中学生からおおむね 18 歳までの者 ★青年期…おおむね 18 歳からおおむね 30 歳未満までの者

（出典）子供・若者白書等をもとに筆者作成

・若者といえば健全育成

　他方、若年層一般に対しては、もっぱら青少年の健全育成を目的とし、その保護や教育に力点を置く政策がとられてきた。

　内閣府の青少年育成施策大綱（2003 年）は、0 歳からおおむね 30 歳未満までの年齢層にある者を対象に、「非行や不登校、ひきこもり、児童虐待、就労の不安定化などさまざまな問題が深刻化している状況に鑑みて、青少年の健全育成をより効果的、総合的に進めていくため」の施策集である。

　この青少年育成施策大綱は、社会の変化に対応して、2008 年に改訂されたが、

　①青少年の立場を第一に考える

　②社会的な自立と他者との共生を目指して、青少年の健やかな成長を支援

　③青少年一人一人の状況に応じた支援を社会総がかりで実施

と施策の範囲を広げている。徐々にではあるが、若者参画政策に近づいている。

・子ども・若者育成支援推進法の意義と可能性

　その後、少子化、核家族化がさらに進行し、それに伴う家庭環境の変化、長期化する景気低迷による労働環境の悪化、情報機器の急激な発達と普及による有害情報の氾濫やトラブルの発生、地域社会における人間関係の希薄化など、子ども・若者を取り巻く環境が、より一層、多様化、複雑化してきた。

　また、ニートやひきこもりに対する、社会の理解が広がり、その原因が、本人や家庭の努力だけでは収まらない、複合的、社会的な問題であることも理解されるようになってきた。

　そのため、従来の個別分野における縦割り的な対応では限界があることから、国は、子ども・若者育成支援施策の総合的推進のための枠組みを整備するため、2010 年 4 月に「子ども・若者育成支援推進法」を施行した。子ども・若者問題の広がりに対応して、この法律では、乳幼児期から 30 代までを広く対象とし、育成と支援をともに推進するという目的を明確に示すた

め、「青少年」に代えて「子ども・若者」という言葉を使用している。

　そこで、従来の青少年育成施策大綱を廃止して、2010年7月に、「子ども・若者ビジョン」が策定された。

　子ども・若者育成支援推進法は、全5章で構成され、第一章では、子ども・若者育成支援推進法策定の目的、基本理念などが定められている。特に基本理念として、「一人一人の子ども・若者が、健やかに成長し、社会とのかかわりを自覚しつつ、自立した個人としての自己を確立し、他者とともに次代の社会を担うことができるようになることを目指すこと」（第2条第1号）が規定され、若者が社会を担うことの重要性について、明確に意識されている。

　子ども・若者育成支援推進法は、若者の地域参画にも踏み込んでいるが、具体的施策は、抽象的な記述にとどまっている。

資料Ⅰ-8　子ども・若者育成支援推進法の体系

章　名	条　項
第一章　総則	第1条～第6条
第二章　子ども・若者育成支援施策	第7条～第14条
第三章　子ども・若者が社会生活を円滑に営むことができるようにするための支援	第15条～第25条
第四章　子ども・若者育成支援推進本部	第26条～第33条
第五章　罰則	第34条

・子供・若者育成支援推進大綱の意義と限界

　子ども・若者育成支援推進法には、5年後の見直し規定があり（附則第2条）、子ども・若者育成支援推進点検・評価会議を設置して、大綱の総点検を行った。その結果、できあがったのが、子供・若者育成支援推進大綱（2016年2月）である。

　子供・若者育成支援推進大綱は、基本理念というよりも政策推進に当たっ

ての基本方針に性格を変えている。

　ただし、若者参画についての記述は、依然として十分とはいえない。

資料Ⅰ－9　子供・若者育成支援推進大綱（基本的な方針）

1　全ての子供・若者の健やかな育成

　全ての子供・若者が、かけがえのない幼年・若年期を健やかに過ごすことができ、かつ人生100年時代、絶え間ない変化の時代を幸せ（Well-being）に、自立して生き抜く基礎を形成できるよう、育成する。

2　困難を有する子供・若者やその家族の支援

　困難を有する子供・若者が、速やかに困難な状態から脱し、あるいは困難な状況を軽減・コントロールしつつ成長・活躍していけるよう、家族を含め、誰ひとり取り残さず、かつ非常時においても途切れることなく支援する。

3　子供・若者の成長のための社会環境の整備

　家庭、学校、地域等が、子供・若者の成長の場として、安心・安全な居場所として、Wellbeingの観点からより良い環境となるよう、社会全体、地域全体で子供・若者を育てる機運を高め、ネットワークを整え、活動を促進する。

4　子供・若者の成長を支える担い手の養成・支援

　教育・心理・福祉等の専門人材から、地域の身近な大人、ひいては当事者たる子供・若者自身に至るまで、多様な担い手を養成・確保するとともに、それぞれの連携・協働の下、持続的な活躍が可能となるよう支援する。

5　創造的な未来を切り拓く子供・若者の応援

　子供・若者が、一人一人異なる長所を伸ばし、特技を磨き、才能を開花させ、世界や日本、地域社会の未来を切り拓いていけるよう、応援する。

（4）自治体による若者参画政策の必要性

　国の政策のうち、とりわけ若者の参画については十分ではなく、その不足を補うべく、自治体による若者参画政策が求められる。

・そもそも若者が地域や社会に参画しないのは不自然・不合理

　社会には、高齢者もいるし若者もいる。若者も同じ社会の構成員である。

20 歳代、30 歳代で全体の 21％（2022 年 1 月概算値・総務省統計局）いる若者が、自治体の政策形成やまちづくりに参加しないのは、そもそも不自然である。一定の属性の人たちがいるのに、その人たちが社会に参加しないのはおかしいという問題意識は、すでに男女共同参画で体験済なので、若者参画政策の必要性や方向性は、容易にイメージできるだろう。

　また次代を担う若者が社会（政策決定を含む）に参加する仕組みや機会がないのは不合理ともいえる。超高齢社会のなかで、負担と責任を負う若者の不満は、自然と蓄積していくが、それが限界点に達して噴出したとき、社会の亀裂・分断による社会の混乱が起こってくる。

　若者参画政策は、その若者を公共の担い手としてきちんと位置付け、若者の価値と出番をつくる政策で、きわめて自然な政策であって、若者を特別扱いする政策ではない。

・自らの参加で社会を変えられるという自信と具体的仕組みを提示する

　内閣府が実施した、日本を含めた 7 カ国の満 13 〜 29 歳の若者を対象とした意識調査「我が国と諸外国の若者の意識に関する調査（平成 30 年度）」では、

　①　「社会をよりよくするため、私は社会における問題の解決に関与したい」という設問に対して、「そう思う」（10.8％）、「どちらかといえばそう思う」（31.5％）は約 4 割である。

　②　「私の参加により、変えてほしい社会現象が少し変えられるかもしれない」という設問に対して、「そう思う」（8.5％）、「どちらかといえばそう思う」（24.0％）で、約 3 割強にとどまっている。

　「社会に関与したい、社会を変えられる」と思う日本の若者は、諸外国の若者に比べて低い。同じ調査を平成 25 年度にも行っているが、全体に「そう思う」が減少し、「そう思わない」が増加している。

　社会に関与し、社会を変えられるという自信を育て、その自信を具体化できる仕組みを提示するのが政策論の役割である。

資料Ⅰ-10　日本の若者の意識（社会への関与、社会の変革）

Q24（a）社会をよりよくするため、私は社会における問題の解決に関与したい

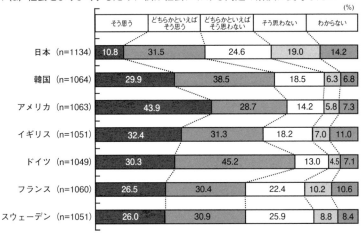

Q24（e）　私の参加により、変えてほしい社会現象が少し変えられるかもしれない

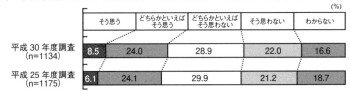

（出典）我が国と諸外国の若者の意識に関する調査（平成30年度）

・まちや地域の揺籃機能の再生

　若者の社会的自立を育む具体的仕組みのひとつが、まちや地域の揺籃機能の再生である。ただ、これはかつてあったまちや地域の機能を再び復活しようというものではない。それは今の市民ニーズに合わないし、まちや地域の変化は、社会構造に起因する問題なので、昔のまちや地域の復活は、もともと無理な話である。

　平成13年社会生活基本調査によると、日本全体で、1年間に何らかのボランティア活動を行った人は3,263万4千人である。経済環境、社会環境の悪化で、若者も社会を見つめ直す機会も増えている。長期的には若者のま

ちや地域への関心や参画意向は向上していくだろう。

　考えるべきは、今後の時代にマッチしたまちや地域の揺籃機能の再生である。それはどんなモデルなのか。これまでの地方自治制度では、想定外のことで、自分たちで考えないといけない（小学校区や中学校区単位で新たな自治の仕組みが模索されている。地域の揺籃機能を再生するために、この小さな自治の単位で、若者に一定の予算額を付与して、地区ごとに、若者参画で、若者がやりたい事業を展開するというのが、私のアイディアのひとつである）。

・若者参画による自治体の自己変革・野球は９人でやろう

　かつて、右肩上がりの時代ならば、市民は政府に任せておけばよかった。若者も大人に任せていれば、自分たちの未来は、それなりに約束されていた。しかし、縮減社会、超高齢社会になり、かつての成功モデルは、破綻してしまった。

　これからは、「野球は９人でやろう」である。今までの野球は、大人だけでやっていた。若者は、蚊帳の外で、野球を遠くから見ていただけだった。今度は、若者もグラウンドに降りて、一緒に野球をやろうというのが若者参画である。

　若者が入ると、野球のかたちが変わるように、自治体の役割が変わってくる。これまで蚊帳の外に置かれていた若者が、公共的なことにかかわり、その持てるパワーを発揮できるように、若者を励ますのが、若者参画政策である。

　若者参画は、若者自身の自立のための政策であるが、同時に自治体存続のための政策でもある。若者の社会的自立のためのシステムを整備していない社会は、いずれ自身の活力を失って、衰退してしまうだろう。若者参画の政策を早期に用意し、着実な実践をした自治体が、次の時代も生き残ることになる。若者参画政策は、自治体の生き残り戦略ともいえる。

2
若者参画政策の全体像

（1）若者政策

　最初に、若者参画政策を含む若者政策の全体について概観しておこう。

ア．若者政策と若者参画政策

　かつては、国や自治体の政策対象となる若者は、中学・高校までの子どもや障がいを持つ若者など、「特に保護が必要」と考えられる若者たちであった。

　しかし、1990年代以降になって、若者の移行期間の長期化、移行パターンの個人化・多様化、若者を取り巻く社会経済構造の変化のなかで、若者全体に問題が広がり、若者の自立（移行）を妨げる諸課題が政策課題となってきた。これに対して正面から立ち向かい、政策的に対応しようとするのが若者政策である。政策領域は、家庭・家族、教育、地域、雇用、福祉、地方自治など広範囲に及ぶ。

　若者の自立のうち、経済的自立に着目するのが、若者雇用政策、若者結婚政策である。

　そして、社会的自立に着目するのが、本書のテーマである若者参画政策である。これまで自治体の若者参画は、せいぜい健全育成や文化、スポーツの分野が関係するだけであったが、自治体の政策形成や地域づくり・まちづくりといった分野における若者参画を真正面からとらえるのが、若者参画政策である。

資料Ⅰ-11　若者政策の概要

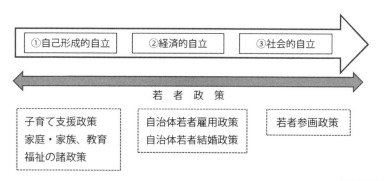

①自己形成的自立　　②経済的自立　　③社会的自立

若　者　政　策

子育て支援政策
家庭・家族、教育
福祉の諸政策

自治体若者雇用政策
自治体若者結婚政策

若者参画政策

（出典）筆者作成

イ．自治体若者雇用政策

・自治体若者雇用政策の概要

　若者の経済的自立を支える政策が、自治体若者雇用政策である。

　地方分権改革のなかで、就労支援を国任せにせず、自治体が地域の実情を踏まえて、主体的・積極的に取り組んでいくことが可能になった。地方版ハローワーク事業である。地域の自主性及び自立性を高めるための改革の推進を図るための関係法律の整備に関する法律（平成28年5月20日法律第47号・第6次一括法）を受けて、職業安定法や雇用対策法が改正されている。

　職業紹介では、民間と同じように扱われていた各種規制（無料職業紹介の届出、職業紹介責任者の選任等、国の監督（事業停止命令等）等）が廃止された。また、国のハローワークの求人情報及び求職情報のオンライン提供も可能となった。

　国と地方自治体の連携では、協定の締結や同一施設での一体的な実施により連携ができるようになった。一体的実施事業とは、共同運営施設などで、ハローワークが行う無料職業紹介業務と地方自治体が行う業務（福祉等）をワンストップで一体的に実施する連携事業である。

・自治体若者雇用政策のポイント

自治体は若者が希望を持って働けるように、次のような若者雇用政策を推進していくことが業務となった。

　①キャリア教育の推進……子どもの頃から将来のキャリアを考え、体験し、学び続ける機会をつくる。地域と連携したキャリア教育の推進、高校や大学等への労働法の普及啓発、相談窓口情報の配布など。

　②マッチングの拡充……学校を卒業後すぐに、自分のやりたいことや適性がわからず、就職できない、就職してもすぐ離職してしまうことを防ぐため、キャリアカウンセリングの充実、中小企業と若年者の交流の場の拡充、ジョブカードを活用した円滑な転職支援、地域若者サポートステーションとの連携など。

　③ PR や相談体制の充実……労働環境の改善や人材育成のための助成制度の周知、労働環境改善に関するセミナー実施、SNS 等を活用した労働相談など、若者が安心して働き続けるための PR や相談など。

　④ワーク・ライフ・バランスの推進……セミナーの開催、アドバイザーの派遣、優良な取り組みを行う企業の表彰等ワーク・ライフ・バランスの推進など。

・高校生向け企業情報誌 Miraie（新城市）

　若者の方から、マッチングの充実に取り組んだ例もある。

　高校生向け企業情報誌 Miraie の制作は、令和元年度に第 5 期新城市若者議会から提案された「C and H マッチング事業」の具体化である。

　若者議会では、市内外の高校生（約 1,800 名）に就職に関するアンケートを行ったところ、全体の約 70％の高校生が「新城の企業について関心がない」というのが回答だった。

　そこで、市内企業の魅力を伝え、そこで働く先輩社員の声などを掲載することで、就職先としての地元企業を紹介し、1 人でも多くの高校生が、地域を知り、また働く場を発見するなかで、自分の未来を描くきっかけにするものである。

　したがって、Miraie に掲載している企業情報も、高校生の関心や聞きたいこと（入社のきっかけや任されている仕事など）を基本に、高校生目線の企業情報誌となっている。

資料Ⅰ－12　高校生向き企業情報誌 Miraie

（出典）新城市役所提供

ウ．自治体結婚政策

・自治体結婚政策の背景

　未婚率を年齢（5歳階級）別にみると、2015年では、35〜39歳では、男性はおよそ4割弱（38.5%）、女性はおよそ4人に1人（26.2%）が未婚となっている（2015年国勢調査）。

　他方、結婚に対する意識（第15回出生動向基本調査・国立社会保障人口問題研究所2015年）では、「いずれ結婚するつもり」と考える未婚者（18〜34歳）の割合は、2015年調査時点では男性85.7%、女性89.3%であり、ここ30年で若干の低下はあるものの、男女ともに依然として高い水準を維

持している。

　結婚する意思のある未婚者が独身でいる理由は、25 歳から 34 歳では、男女ともに「適当な相手にめぐりあわない」（男性 45.3%、女性 51.2%）が最も多い（第 15 回出生動向基本調査）。交際するうえでの不安では、「魅力がないのではないか」（男性（46.0%）、女性（49.8%）に続いて、「出会いの場所が分からない」男性（38.8%）、女性（47.1%）が高い比率となっている（内閣府結婚・家族形成に関する意識調査 2010 年）。

資料 I − 13　独身でいる理由

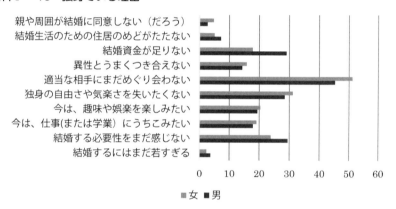

（出典）第 15 回出生動向基本調査をもとに筆者作成

　要するに、結婚するつもりはあるが、なかなか結婚までたどり着けないというのが、若者の率直な感情だろう。そのネックのひとつが、「適当な相手にめぐりあわない」である。ならば、政策として、この出会いを組み立てる必要があるのではないかというのが、自治体結婚政策である。

・自治体結婚政策の概要

　1950 年代まで、出会い方の主流は「見合い」、「幼なじみ・隣人関係」（血縁、地縁）であった。1970 年代になると、「職場や仕事の関係」（職縁）の恋愛結婚が中心となる。男女とも正社員で、たくさんの同期や同年代の仲間

がいて、仕事や社内サークルを通して、相手を理解し、時間をかけて親しく
なった。

　しかし、今日では、採用減で、職場には結婚相手となる同世代が少ない。
正社員の長時間労働や非正規化（入れ替わりが激しい）が進み、ゆっくり親
しくなることも難しくなった。

　また、社内サークル、青年団、労働組合青年部といった若者組織も崩壊・
弱体化してしまった。つまり、結婚を後押しする条件（出会い促進共済機能）
が崩れるなかで、若者は、自ら活動しないと結婚相手に出会えない時代となっ
た。その分、出会いのハードルが高くなり、途中で活動を止めてしまう人も
多くなる。

　結婚を希望する者の思いに応じることは、今日では公共性を帯びてきたと
いうことである。出会い促進共済機能のテコ入れは、少子化対策や地域活性
化につながっていくという点も公共性を補強するだろう。市民の暮らしを守
る地方自治の場合は、市民に寄り添うことが基本で、結婚を希望する者の思
いに応じることは、今日では公共事項になってきたといえよう。

　この自治体結婚政策の基本スタンスは、後押しである。自治体政策の範疇
に入ってきたとしても、行政自らがすべてやるわけではない。むしろ、この
政策では、自治体が直営できる部分は全体に少なく、国、都道府県、ＮＰＯ、
企業等に働きかけ、後押しする協働手法が中心になる。

　これに対して、「結婚支援は、その事業単独で実施しようとすると、結婚
を希望しない人等からの反発も考えられる。また、前述のとおり、公的な結
婚支援に対しては、『最低限必要な範囲にとどめるべき』『公的な支援に取り
組む必要はない』といった意見もあることから、自治体として、結婚支援を
前面に出して事業を実施することが難しい場合も考えられる」（「結婚支援を
糸口とした 少子化対策及び地域活性化に関する調査研究報告書」東京都市
町村自治調査会 2019 年）という考え方は、臆病にすぎるだろう。

・婚活事業を中止する自治体（広島県安芸高田市）

　広島県安芸高田市では、2009年度から続いてきた男女の結婚を後押しする婚活事業を2020年度限りで中止することになった。前法相からの現金授受で辞職した前市長に変わり当選した新市長からの提案で、婚活事業について、結婚は個人的なことで、公が関与すべきことなのか、少子化対策としての婚活は結婚できない人や子どもをもてない人を苦しめるのではないか、という問題提起からである。

　自治体の結婚政策は、一般には少子化対策で論じられるが、結婚を少子化対策で論じるのは失礼な話で、これならば余計なお世話というのも理解できる。しかし、自治体結婚政策は、あくまでも、結婚を希望する者の思いに応じる政策と考えるべきだろう。その希望に応えるなかで、それが結果として、少子化対策、地域活性化につながっていく。

　安芸高田市の事業は10年以上続くもので、これまでに58組の成婚につなげるという成果をあげている。この事業をサポートする結婚コーディネーターが18人いて、市役所での相談業務、事業の登録者への相手方の紹介活動、出会いの場となるイベントの実施等を行った成果であるとのことである（2021年2月18日中国新聞）。

　この婚活事業は、市役所の事業に市民が協力し支えた事業で、それぞれが自分の得意分野を出し合った協働事業といえよう。みんなで暮らしやすいまちをつくるという、優れたまちづくり事業でもある。

　結局、市長の判断で、婚活事業は中止され、2021年度は、予算が盛り込まれなかったということであるが、もったいないことをしたと思う。地方なので「結婚したいが、出会いの機会がない」という市民は、今でもたくさんいるだろう。この市民の思いに寄り添える新たな仕組みは、そう簡単に思いつかないし、もう一度組み立てるとしても、やめたときより数倍のエネルギーが必要になるだろう。

(2) 若者参画政策の関連条例

　若者に対する政策は、青少年保護、子どもの権利、子ども・若者の参加・活躍という順で発展し、かつこれらの重層的な構造で成り立っている。

・青少年保護育成条例

　次代を担う青少年を健全に育成していくことは、社会の発展にとっては重要かつ基本的な事項である。青少年の健全育成は、家庭、学校、職場、地域その他の社会のあらゆる分野にわたる広範な問題であることから、国、地方自治体、その他の関係機関の協力と連携しつつ、全国民的な活動として、展開されてきた。

　内閣府の青少年育成施策大綱（青少年育成推進本部・2003年制定）は、そのひとつであるが、この大綱を受け、自治体においては、青少年保護育成条例を制定し、青少年の保護育成を図ってきた。青少年保護育成条例は、今日では、事実上、全国47都道府県のすべてで制定されている。

　この条例が規制対象とするのは、有害興行、有害図書、有害玩具、特定薬品、有害広告物、有害なちらし、着用済み下着等の販売や購入の禁止等、みだらな性行為等、深夜外出、深夜における入場等の禁止等、さらにはインターネットや携帯電話等で、これら害悪から青少年を保護するという内容である。

　青少年育成施策大綱は、2010年7月に廃止され、それに代わって、「子ども・若者ビジョン」が策定されたが、表現の自由に対する過度の規制にならないように配慮しつつ、青少年を悪環境から守り、社会に適用させることの意義と重要性は、今日でも変わらない。

・子どもの権利条約・子どもの権利条例

　子どもの権利条約は、子どもの権利を保障するための包括的な人権条約で、日本では1994年に批准されている。この条約では、18歳未満の子どもを保護の対象としてではなく、権利の主体ととらえ、子どもが意見を表明する

権利等を認めている。

　子ども権利条例は、子ども権利条約を起源とする条例で、子どもを一人の人間として尊重し、子どもが本来持っている権利を保障するため、子どもの権利実現のための諸施策を定める人権条例である。

　2000年12月制定の川崎市子どもの権利に関する条例が最初で、今日では100近くの自治体で制定されている。

　条例の主な内容としては、計画策定、予算の確保、組織の一体化、データの収集、子どもの権利実現のため地方自治体のとった措置・とらなかった措置の検証、子どもの意見の聴取と尊重、権利侵害を受けた子どもの救済、子どもの権利の広報等である。

資料Ⅰ－14　「川崎市子どもの権利条例」構成

川崎市子どもの権利条例
前文
第1章　総則（第1条～第8条）
第2章　人間としての大切な子どもの権利（第9条～第16条）
第3章　家庭、育ち・学ぶ施設及び地域における子どもの権利の保障
　第1節　家庭における子どもの権利の保障（第17条～第20条）
　第2節　育ち・学ぶ施設における子どもの権利の保障（第21条～第25条）
　第3節　地域における子どもの権利の保障（第26条～第28条）
第4章　子どもの参加（第29条～第34条）
第5章　相談及び救済（第35条）
第6章　子どもの権利に関する行動計画（第36条・第37条）
第7章　子どもの権利の保障状況の検証（第38条～第40条）
第8章　雑則（第41条）
附則

　子どもの権利条例には残された課題も多い。

　子どもの権利条例では、子どもを18歳未満と定義している。適用年齢を

18歳未満とした背景には、子どもの権利条約がその対象年齢を18歳未満としていること等が主な理由であるが、これでは、この条例の射程範囲は、子ども・若者の自己形成・人格的自立にとどまってしまい、経済的自立や社会的自立を含む子ども・若者の移行期全体をカバーできず、移行期間の長期化等に伴う若者問題にも対応できない。

　また、子どもの権利条例に基づく制度・手続きは、権利侵害から子どもを救済することを中心に制度設計されていることから、それが結果として、子どもを保護の対象としてとらえる運用になってしまっている。

　条例の効果についても、例えば自殺者は、40歳代、50歳代、60歳以上は、ピーク時から大幅に低下している一方、20歳未満では、近年は上昇傾向にあり、子どもの権利条例を制定する自治体数の増加に対応して、自殺者が減るという動きになっていない。これは子ども・若者の自殺が、子ども・若者同士、あるいは会社内部におけるいじめなどが原因となり、また子ども・若者の自己肯定感、自己有用感の喪失に由来するものが多いため、この問題を公権力からの権利侵害を規制する従来型の人権規定の発想で対応しても十分ではないことも一因であろう。

　そこで、子どもの権利を子ども・若者まで広げ、その権利を守り、育てるという創造的な社会的権利として再構築し、その権利の具体化を担保する制度・仕組みを用意し、それを子ども・若者が容易に利用・活用できるようにしなければ、条例の効果は、表れてこないであろう。

　こうした子どもの権利条約・子どもの権利条例の限界を乗り越えようとするのが、子ども・若者育成支援推進法の制定であるが、この法律も課題を抱えており、それを条例によって乗り越えようとする試みが、多摩市の子ども・若者の権利を保障し支援と活躍を推進する条例である。

・若者参画条例

　若者参画を直接の対象とする条例も制定され始めた。嚆矢となったのが、新城市の若者条例で、2014年の制定である。条例は全17条で構成されて

いて、若者が参画・活躍するまちの形成を推進するための基本理念、若者等の責務、若者が参画・活躍するのに必要な基本施策等を定めている。

　この条例では、若者は「おおむね13歳から29歳までの者」としている。下限を13歳としたのは、新城市では中学生による模擬議会を実施しており、中学生もまちづくりの主体と考えていること、上限の29歳は、30歳になれば参議院議員や都道府県知事の被選挙権もあり、完全に政治参加できるので、それに達しない年齢までと考えたためである。

　若者参画政策を進める基本理念としては、次の3点である。

　（1）若者がまちに参加し、活躍する社会的気運の醸成

　（2）若者の自主性の尊重と必要な支援

　（3）若者、市民、事業者、市のそれぞれの責務と相互の理解・連携

　また、若者の参画・活躍を推進するための施策を総合的・計画的に実施するための若者総合政策の策定と、次の6つの重点施策を定めている。

　・若者の意見聴取

　・若者議会

　・若者の訪れる機会等の提供

　・活動等に対する支援

　・普及啓発

　・表彰

　若者参画条例は、2020年12月に大阪府富田林市でも制定されている。

資料Ⅰ－15　若者条例（新城市、富田林市）

	新城市若者条例	富田林市若者条例
目的	第1条　この条例は、若者が活躍するまちの形成の推進について、基本理念を定め、並びに若者、市民、事業者及び市の責務を明らかにするとともに、若者が活躍するまちの形成の推進の基本となる事項を定めること等により、総合的に若者が活躍するまちの形成の推進を図り、もって市民が主役のまちづくり及び世代のリレーができるまちの実現に寄与することを目的とする。	第1条　この条例は、若者が活躍できるまちづくりの推進に関する基本理念を定め、若者、市民等及び市の役割を明らかにすることにより、若者のまちづくりへの参画及び育成を図り、もって誰もが幸せで、安心して暮らせるまちを実現することを目的とする。
定義	第2条　この条例において、次の各号に掲げる用語の意義は、当該各号に定めるところによる。 (1) 市民　新城市自治基本条例 (平成24年新城市条例第31号。以下「自治基本条例」という。) 第2条　第2号に規定する市民をいう。 (2) 若者　おおむね13歳からおおむね29歳までの者をいう。	第2条　この条例において、「若者」とは、概ね16歳から30歳までの者をいう。
基本理念	第3条　若者が活躍するまちの形成の推進は、次に掲げる事項を基本理念として行わなければならない。 (1) 若者が地域社会とのかかわりを認識し、他者とともに次代の地域社会を担うことができるよう社会的気運を醸成すること。 (2) 若者の自主性を十分に尊重しつつ、その自主的な活動に対して必要な支援を行うこと。 (3) 若者、市民、事業者及び市が、それぞれの責務を果たすとともに、相互の理解と連携のもとに、協働して取り組むこと。	第3条　若者が活躍できるまちづくりの推進は、若者の自主性を培い、尊重するとともに、若者、市民等及び市が、それぞれの役割を認識し、相互の理解と連携のもとに協働して取り組むことを基本理念として行わなければならない。
若者の責務	第4条　若者は、前条の基本理念 (以下「基本理念」という。) にのっとり、自らがまちづくりにおいて活躍が期待される主体であることを認識し、地域の文化、歴史等に関する理解及び関心を深めるとともに、自主的な活動に取り組み、並びに市民及び事業者が取り組む活動並びに市が実施する施策に積極的に参加し、協力するよう努めるものとする。	(若者の役割) 第4条　若者は、地域に関する理解及び関心を深め、主体的にまちづくりに参画するとともに、市民等及び市が実施する取組に積極的に協力するよう努めるものとする。
市民の責務	第5条　市民は、基本理念にのっとり、若者に対して自らが取り組む活動への参加を促し、並びに日常生活及び社会生活に関する必要な情報の提供、助言その他の支援を行うとともに、市が実施する若者が活躍するまちの推進に関する施策に協力するよう努めるものとする。	(市民等の役割) 第5条　市民等は、若者に対して、地域に関する必要な情報の提供その他の支援を行うとともに、若者及び市が実施する取組に積極的に協力するよう努めるものとする。
事業者の責務	第6条　事業者は、基本理念にのっとり、その事業活動に従事する若者に対して事業活動に関する必要な情報の提供、助言その他の支援を行い、並びに若者の自主的な活動及び市民が取り組む活動への参加の機会を確保するよう努めるとともに、市が実施する若者が活躍するまちの推進に関する施策に協力するよう努めるものとする。	
市の責務	第7条　市は、基本理念にのっとり、若者が活躍するまちの形成の推進のために必要な施策を策定し、及び実施しなければならない。 2　市は、若者、市民及び事業者と連携を図りながら若者が活躍するまちの形成の推進に取り組むものとする。	(市の役割) 第6条　市は、若者に対して、市政等に関する必要な情報の提供を行うとともに、若者、市民等及び市が相互に連携するための調整に努め、必要に応じて施策の策定又は財政上の措置を講ずるものとする。

29

若者総合政策	第8条　市長は、若者が活躍するまちの形成の推進に関する施策を総合的かつ計画的に実施するための計画（以下「若者総合政策」という。）を定めなければならない。 2　若者総合政策は、次に掲げる事項を定めるものとする。 (1) 若者が活躍するまちの形成の推進に関する基本的な方針 (2) 市が実施する施策の内容 (3) 前2号に掲げるもののほか、若者が活躍するまちの形成を総合的かつ計画的に推進するために必要な事項	
若者の意見の収集等	第9条　市は、若者が市政に対して意見を述べることができる機会を確保し、市政に反映するよう努めるものとする。	
若者議会	第10条　市長は、若者総合政策の策定及び実施に関する事項を調査審議させるため、新城市若者議会を設置する。	（若者会議） 第7条　市は、若者が市政等に参画する機会を確保するため、富田林市若者会議を設置する。
若者の訪れる機会等の提供	第11条　市は、若者が多く訪れるような機会又は場所を提供するよう努めるものとする。	
活動等に対する支援措置	第12条　市は、若者、市民及び事業者が取り組む活動であって、若者が活躍するまちの形成の推進に資すると認めるものに対して、予算の範囲内において、必要な財政上の措置を講ずるよう努めるものとする。 2　市は、若者、市民及び事業者が若者が活躍するまちの形成の推進に関する活動に取り組むに当たって必要があると認めるときは、管理する施設、設備及び物品の貸付け等の措置を講ずるよう努めるものとする。	
普及啓発等	第13条　市は、若者が活躍するまちの形成の推進に関し、市民及び事業者の関心を高め、その理解と協力を得るとともに、若者、市民及び事業者のそれぞれが取り組む活動に対して相互の参加が促進されるよう、必要な啓発活動を行うものとする。 2　市は、若者総合政策の実施状況のほか、若者、市民及び事業者が取り組む活動のうち、若者が活躍するまちの形成の推進に特に資すると認めるものの実施状況について、インターネットの利用その他の方法により公表するものとする。	
表彰	第14条　市長は、新城市功労者表彰条例（平成19年新城市条例第10号）に定めるところにより、若者が活躍するまちの形成の推進に貢献し、その功績の顕著な者を表彰することができる。	
若者活躍推進月間	第15条　市は、若者が活躍するまちの形成の推進を図るため、若者活躍推進月間を定めるものとする。 2　市は、若者活躍推進月間において、その趣旨にふさわしい施策を実施するよう努めるものとする。	
若者活躍推進体制	第16条　市長は、若者総合政策その他若者が活躍するまちの形成の推進に関する事項について、自治基本条例第24条第1項に規定する市民自治会議に諮問することができる。	
委任	第17条　この条例の施行に関し必要な事項は、市長が別に定める。	第8条この条例の施行に関し必要な事項は、市長が別に定める。

（出典）筆者作成

┈(3) 若者参画政策の基本理念

　困ったとき、迷ったときは原点に戻ればよい。若者参画政策の基本理念を
しっかり、固めておこう。

・憲法第 13 条・個人の尊重

　日本国憲法の基本原則は、国民主権、基本的人権の尊重、平和主義であるが、
これら 3 原則のさらに基本にあるのが、憲法第 13 条の個人の尊重である。「す
べて国民は、個人として尊重される」(憲法第 13 条前段)。この個人の尊重
を担保するために、第 3 章では、国民の基本的人権を保障し、その基本的人
権を担保するために、第 4 章以下に統治機構の諸規定が用意されている。地
方自治は、その統治機構のひとつである。

　若者参画政策の基本理念も、この個人の尊重にある。個人の尊重とは、市
民一人ひとりに価値があるということである。その個性や能力が大事にされ、
その持てる力を存分に発揮することが個人の尊重である。これによって、社
会のイノベーションを引き起こして、市民が幸せに暮らせる社会をつくって
いくというのが日本国憲法の基本設計理念である。同様に、若者には価値が
あり、その特性を十分に発揮することで、若者を含む市民が幸せに暮らせる
社会をつくっていこうというのが、若者参画政策である。

・スウェーデンの若者政策の 4 つの視点

　スウェーデンの若者政策では、4 つの視点が示されており、若者参画政策
を考える際の参考になる(以下は、津富宏「翻訳 若者と若者政策:スウェー
デンの視点」静岡県立大学国際関係学部『国際関係・比較文化研究』2013
年による)。

　①資源という視点(The resource perspective)。若者には、若者の持
　　つ知識や経験、行動力があり、それは資源であるという発想である。

　②権利という視点(The rights perspective)。若者には、良質な生活条

件を享受する権利（自分自身の生活、自分の住む地域の環境、社会全般
の発展に関与し、影響を与える権利）があるというものである。

③自立という視点（The independence perspective）。公的な取り組
みは、若者が自立するための機会を支援しなければならないというもの
である。

④多様性という視点（The diversity perspective）。若いというだけの
理由で、すべての若者が同じというわけではないからである。

・**自治体の若者参画政策の基本方針**

自治体の若者参画政策の立案、実施に当たっては、次のような基本方針で
臨むべきだろう。

①若者の自立を促進する

若者参画政策は、若者の社会的自立を促進し、若者をいわゆる「大人」に
するための政策である。若者が公共の担い手であることをきちんと確認し、
若者が自治体の政策形成やまちづくりに積極的に参画できるようにしていく
のが公共の役割でもある。そのための社会的システム（仕組み、手法等）を
構築する。

②若者は社会の貴重な資源である

若者は、多様性を持ち、既存の発想にとらわれない、新たな価値を体現で
きる存在である。若者を単に育成の対象としてとらえるのではなく、社会を
構成する重要な主体、資源であると位置づける。

③若者は権利と責任を持つ

若者は、自分の住む地域の環境、社会全般の発展に関与し、その発展に参
画できる権利を持っている。同時に、若者は、自分の行動に対して責任があ
り、かつ、責任をとれるだけの能力がある。

若者の権利は、国家権力の乱用から若者の自由を守るためだけでなく、国
や自治体だけではなく、若者の家族や地域、学校、社会に対して、政策的な
措置が取られるように誘導する行為規範である。

④多様性を有する

多様性という視点も重要である。若いというだけの理由で、すべての若者が同じというわけではなく、若者ごとに個性や能力が違い、参画もさまざまな形態がある。

⑤民主主義の構築を目指す

若者に希望を与え、民主主義の担い手として育てるのも民主主義の学校である地方自治の役割である。若者参画政策は、地方自治の役割を再確認する政策でもあり、それによって、民主主義の再構築を目指す政策でもある。

・先行自治体の基本方針

参考に、先行自治体の基本方針を示しておこう。

新城市若者条例では、次代の地域社会の担い手、自主性、相互理解・連携・協働がキーワードになっている。

（基本理念）

　第３条　若者が活躍するまちの形成の推進は、次に掲げる事項を基本理念として行わなければならない。

（１）若者が地域社会とのかかわりを認識し、他者とともに次代の地域社会を担うことができるよう社会的気運を醸成すること。

（２）若者の自主性を十分に尊重しつつ、その自主的な活動に対して必要な支援を行うこと。

（３）若者、市民、事業者及び市が、それぞれの責務を果たすとともに、相互の理解と連携のもとに、協働して取り組むこと。

多摩市の子ども・若者の権利を保障し支援と活躍を推進する条例では、基本理念は、権利の保障・尊重、切れ目のない支援、意見表明・参画・活躍の機会、さまざまな主体の相互協力がキーワードになっている。

（基本理念）

第３条　次に掲げる基本理念（以下「基本理念」といいます。）に基づいて、子ども・若者の支援及び活躍を推進します。

（１）子ども・若者の権利が保障され、子ども・若者の最善の利益が尊重されること。

（２）子ども・若者が自分らしく成長できるように、それぞれの状況に応じた切れ目のない支援を受けられる環境を整えること。

（３）子ども・若者による意見の表明及びまちづくりへの参画の機会が保障されること。

（４）子ども・若者を含め、さまざまな主体が相互に協力し、及び支援する関係を築くこと。

（４）若者参画政策の概要

若者参画政策の全体像を概観しておこう。

ア．若者の定義

・国の法律・事業等

国の法律・事業・調査等における若者の定義は、**資料Ⅰ－16**の通りである。政策目的によって、若干、異なってくる。

・先行自治体の定義

若者参画政策の若者とは、困難を抱えた若者に限らず、すべての若者が対象となる。

若者の年齢対象は、その自治体の人口構造や、どのようなまちづくり・地域参画を若者に期待するかによって違ってくる。

高校や大学がないために、この世代の若者が、大量に流出する自治体では、

資料 I － 16　若者の定義（法律・国の事業等）

法律・事業・調査名	若者の定義
子ども・若者育成支援推進法	「子ども・若者」法律上の規定なし。大綱「子ども・若者ビジョン」で、若者を「思春期、青年期の者。施策によっては 40 歳未満までのポスト青年期の者も対象」とする ★思春期…中学生からおおむね 18 歳までの者 ★青年期…おおむね 18 歳からおおむね 30 歳未満までの者
勤労青少年福祉法	「勤労青少年」法律上の規定なし。第 9 次勤労青少年福祉対策基本方針において、35 歳未満の者
若年雇用推進法	青少年・法律上の規定なし。青少年雇用対策基本方針において、35 歳未満の者
（JICA）青年海外協力隊	20 歳から 45 歳以下の者（46 歳から 69 歳は海外協力隊の各称）
新卒応援ハローワーク	就職活動中の学生、卒業から 3 年以内の者
わかものハローワーク	正社員を目指す 34 歳以下の者
若者応援企業宣言事業	新卒者から 35 歳未満の者
内閣府：子供・若者の意識に関する調査（令和元年度）	13 歳から 29 歳までの男女を対象に調査
内閣府：我が国と諸外国の若者の意識に関する調査（平成 30 年度）	満 13 歳から満 29 歳までの男女を対象に調査
経済産業省：若年層の消費行動の変化（平成 17 年）調査	若年層として世帯主 34 歳以下を対象に調査
厚生労働省：地域若者サポートステーション	働くことに悩みを抱えている 15 ～ 49 歳までの者
厚生労働省：新型コロナウイルス感染症対策専門家会議	「10 代～ 30 代」までを若者とし注意喚起を呼びかけている

（出典）筆者作成

　中学生や高校生のときから、まちのことに関心を持ってもらうことが、若者参画政策の主眼となる。

　新城市は、若者条例と若者議会条例を持つが、若者条例では、若者は、「おおむね 13 歳からおおむね 29 歳までの者」であるとしているが、若者議会のほうは、「おおむね 16 歳から 29 歳まで」で、こちらは中学校卒業以上が条件である。若者会議では、予算的裏付けのある政策提言を行うこと、大学進学のため地元を離れてしまう前に新城市のことについて深く考えてもらいたいということなどから、下限は高校生の年齢である 16 歳からとしている。

上限については、30歳を迎えると、あらゆる被選挙権が付与されるため、それまでの年齢層の意見をカバーできるように29歳までとした。

　他方、若者世代が大幅な転入超過になる自治体では、その若者に自治体の政策形成や地域・まちづくりに参画してもらうことが重点施策になる。

　相模原市南区の若者参画政策は、大幅な転入超過となる大学生世代が活動の中心となる。

　多摩市の子ども・若者の権利を保障し支援と活躍を推進する条例では、「おおむね30歳代まで」（第2条）としている。若者の支援という面では、移行期が長期化するなかで、この世代までを対象とする必要があること、若者の活躍では、多摩市は、市外への通勤者も多く、住宅購入世代の転入も多いが、これらの若者に多摩市に関心を持ち、住み続けてくれることを期待したものである。

　これら先行事例を参考に、自分の自治体の状況や政策目的に合わせて、対象となる若者を定義していけばよいだろう。

イ．若者の地域参画の形態

・先行研究の分類

　若者の地域参画の形態については、先行研究（中塚雅也・小田切徳美「大学地域連携の実態と課題」農村計画学会誌 Vol. 35.No. 1. 2016年）では、次の4つの型に分類している。

①交流型　地域の農家や住民とともに、農作業やイベントをおこなう活動タイプ。若い学生のマンパワーや応援してくれる仲間という「伴走者効果」が期待できる。

②価値発見型　地域の新しい価値発見を目指すタイプ。外部者の目をとおして、地域資源の見直しが行われるという「交流の鏡効果」が期待できる。

③課題解決実践型　地域の抱える課題に対して、具体的な実践活動を通して解決を試みるタイプ。新しい特産品の開発やその料理方法の提案、ニーズ分析に基づくグリーンツーリズムの商品の開発、空き家の活用などが

行われている。

④知識共有型　教員や大学院生が中心となり、専門知識をもって地域課題
の解決に貢献しているタイプ。地域連携活動の形であり、地域づくり活
動のアドバイザーやコンサルタントなどが期待できる。

資料Ⅰ－17　大学・地域連携の諸類型

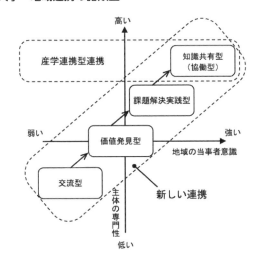

（出典）中塚雅也・小田切徳美「大学地域連携の実態と課題」農村計画学会誌 Vol. 35.No. 1. 2016 年

・**地域参画の再分類**

これに対して、私は、学生たちの地域参画にかかわった経験から、次のよ
うに再分類している。

①地域交流・共同体験型、②地域価値発見型、③地域資源ＰＲ型、④地域
資源開発型、⑤政策提案型、⑥仲介活動型、⑦協働事業実施型、⑧地域定住
型である。

それぞれの詳細については、拙著『事例から学ぶ　若者の地域参画　成功
の決め手』（第一法規・2020 年）を参照してほしい。

資料Ⅰ－18　若者の地域参画の形態

類型	概要	事例（相模女子大学など）
地域交流・共同体験型	若者が地域に出かけ、地域の人たちと農業体験をし、伝統文化に触れながら、地域の人たちと交流する	丸山千枚田魅力発信プロジェクト
地域価値発見型	若者という外部者の目をとおして、地域資源の発見、見直しが行われ、地域の新しい価値発見を目指す	富岡市・おっきリンピック
地域資源ＰＲ型	歴史や文化、祭り等の行事、地元の産業や産物、普段の生活、気風、おもてなしの心などを若者がＰＲする	糸島市・女性の働き方プロジェクト
地域資源開発型	地域資源を有効に組み合わせて、新しい資源の創出や既存資源に付加価値をつけていく	本宮 SMILE プロジェクト
政策提案型	若者がまちづくりに関して、若者が政策を提言や提案する	若者議会（新城市）
仲介活動型	地域活動団体や若者を仲介する。この仲介者という役割を若者自身が行う	マッチングプロジェクト
協働事業実施型	若者と地域のそれぞれが、それぞれの得意分野を持ち寄り、連携・協力して地域課題の解決を試みる。	若者参加プロジェクト
地域定住型	若者が交流する地域に生活の拠点を移して活動を行う	地域おこし協力隊

(出典）筆者作成

ウ．若者参画政策の方向性

　政策の方向性は、①若者参画政策の意義・重要性を認知してもらう、②若者自身に、まちや地域に参画する意欲を持ってもらう、③若者参画を進めるための環境整備や制度化に大別される。

①若者参画政策の意義・重要性を認知してもらう

　これまで自治体の政策では、若者を政策対象としてこなかったこともあって、若者参画政策の意義や重要性は、ほとんど理解されていない。普及啓発や学習・研修等を講じることによって、若者参画政策の意義や必要性についての理解を広げる施策である。

②若者にまちや地域に参画する意欲を持ってもらう

　若者自身が、自治体政策への参加やまちづくり・社会参画に対する意欲がなければ、若者参画政策は展開できない。若者自身の意識改革、行動変革を後押しする施策である。

③若者参画のための環境整備や制度化を進める

　若者が政策形成に参画でき、若者らしい意見をいえる機会をつくり、まちづくり・社会参画できるように、環境整備等を行う施策である。要するに、若者の出番と居場所をつくる施策である。若者の参画を進め、闊達な意見交換、活き活きとした活動等を効果的に推進するため、行政組織・機構の再編など行政の組織体制づくりも環境整備に含まれる。

エ．若者参画政策の手法

　自治体の政策手法は、①自治体が行政経費を用いて直接行う手法（行政主導型手法）と②市民や企業、社会に働きかけることによって政策目的を実現する手法（社会誘導型手法）とに大別できる。

①行政主導型手法

　行政主導型手法には、次のような手法がある。

・事業手法……行政が直接事業を行う手法である。行政が自ら公園にゴミ箱を整備し、道路の清掃等を行うなどである。

・計画的手法……計画を定め、市民、事業者を管理する手法である。計画の策定、指針の公表、目標基準の設定等がある。

・買い上げ・管理契約手法……予算を使って、一定の財やサービスを購入・管理する手法である。ナショナル・トラストやグリーン購入（リサイクル品を購入・使用）などがある。

　公共政策を政府が担っていた時代には、行政主導型手法が有効に機能していたが、公共領域の広がり、政策課題の高度化・多様化、公共主体としての民間（NPOや企業など）が力をつけてきたこと、自治体の財政難や人材不足等で、この手法の限界が顕著になってきた。近年では、行政主導型手法に代わって、社会誘導型手法が重要になってきた。

②社会誘導型手法

　社会誘導型手法は、その性質や強さによって、次の3つに区分することができる。

第一が、普及啓発手法である。ポスター等によるＰＲ、講演会やシンポジウムの開催、ＰＲ・啓発のための各種イベントなどの施策がこれに当たる。

　第二が、誘導支援手法である。

　人が動く誘因には、次の４つがある。

　①金銭的利益を求める経済的誘因

　②名誉や名声、地位や権力を求める社会的誘因

　③満足や生きがいなどの心理的誘因

　④倫理や宗教を背景に持つ道徳的誘因

　若者や市民等の誘因に働きかける手法である。

　第三が、規制指導手法である。立入調査や勧告・命令などの行政指導、罰則などが、これに当たる。

　若者参画政策では、若者の意識変革、行動変革の後押しが政策の中心となるので、誘導支援施策が中心となる。この場合、限られた行政資源で、しかも効果的な誘導支援施策をどれだけ展開できるかがポイントとなる。

（5）若者会議の活動

　全国で、組織体としての若者会議が設立され、若者による活動が展開されている。若者会議は、若者が集まって、まちの課題や未来を考え、提案し、実行する組織である。

・名称

　多くは「若者会議」の名称を使っている（多摩市若者会議、富田林市若者会議など）。ひらがなで、「わかもの会議」とする例もある（名古屋わかもの会議など）。

　他方、少数であるが「若者議会」という名称の若者会議もある（新城市、愛知県豊橋市、愛知県蒲郡市）。新城市が、「議会」としたのは、会議をする

だけにとどまらずに、政策を決定するという意味を込めたものである。豊橋市は、「わかば議会」という名称を使っている。若者を対象とした事業のため、若々しい新芽が成長するイメージを表すために、「わかば」を付し、また会議でなく議会としたのは、隣接する新城市の若者議会と同じような活動を行うことを表すためである。

　なお、中学生、高校生等の若者が、議場において、まちの現状や未来について質問し、市長がそれに答弁するセレモニー型の活動も若者議会というが、本書では、若者による組織体としての若者議会を取り上げている。

　また、若者会議という名称を使わずに、若者会議と同様の活動をしているものもある。福井県鯖江市のＪＫ課が代表的なものである（ＪＫ課は、滋賀県湖南市、鳥取県日野町にもある）。ＮＰＯ法人わかもののまち、相模原市南区の若者参加プロジェクト（若プロ）も活動内容は若者会議である。

・メンバーの要件

　メンバー要件は、若者会議の目的や活動内容等によって、さまざまである。

　年齢については、上限、下限とも特に定めていない若者会議（相模原市南区若プロ）もあるが、多くは年齢制限を設けている。

　下限については、特に定めていない（多摩市若者会議）場合もあるが、13歳以上（東浦町若者会議）、15歳以上（豊橋わかば議会、蒲郡若者議会、こおりやま若者会議）、おおむね16歳（新城市若者議会）と若干の幅があるが、全体には、高校生以上というのが多い。18歳（前橋の地域若者会議）とするものもある。

　上限では、24歳（こおりやま若者会議）、25歳（豊橋わかば議会）、おおむね29歳（新城市若者議会、蒲郡若者議会、東浦町若者会議）、35歳（前橋の地域若者会議）、39歳（多摩市若者会議）と、こちらは幅がある。

　前橋の地域若者会議は、当初は、年齢制限を設けていなかったが、会の目的が、仕事や子育てで地域活動に参加する機会が少ない若者に活躍してもらうことであるため、2017年4月から年齢制限を置くことになった。

住所要件では、市内在住、在学・在勤でなくても、まちづくりに関心があればメンバーになれる若者会議も多い（相模原市南区若プロ、多摩市若者会議、前橋の地域若者会議）。他方、市内在住、在学・在勤とする若者会議もある（豊橋わかば議会など）。自治体への提言が主たる活動目的の若者会議は、市内在住、在学・在勤とするのが、一般的である。

　新城市の若者議会条例では、委員資格は原則、市内に在住、在学又は在勤する若者であるが（第4条）、市外委員制度も採用している（第7期は、委員16名、市外委員5名）。市外委員は、市外に在住し、新城市のまちづくりに協力する若者が対象である。市外委員は、若者議会委員とともに政策立案等を行うが、若者議会委員ではないので、議決権はない。

　住所要件に加え、市内で活動する事業所、団体に属する者（富田林市若者会議）、こおりやま広域圏に住んでいる、もしくは在学・在職している者（こおりやま若者会議）、自治体にゆかりのある者も対象となる（伊賀市若者会議）、在住、在学、在勤に加え、蒲郡市が好きな人、蒲郡市を好きなまちにしたい人（蒲郡若者議会）という条件を付加している若者会議もある。

・設置・運営主体

　設置・運営主体は、行政設置と市民（若者）設置に大別される。

　行政設置は、若者参画の必要性を感じた行政が若者を募集し、設置するものである（富田林市若者会議、豊橋わかば議会など）。

　この場合の担当所管課は、企画課（多摩市若者会議、東浦町若者会議）、まちづくり推進課（新城市若者議会）、市民協働課（豊橋わかば議会）、生活課（前橋の地域の若者会議）、教育委員会生涯学習課（富田林市若者会議）とさまざまである。

　市民（若者）設置では、若者に対する活動を行っている市民（若者）たちが、自ら設置するケース（ＮＰＯ法人わかもののまち、前橋の地域若者会議など）、青年会議所のような若者組織が設置する場合（蒲郡若者議会）、子ども・若者を対象とする活動団体がその活動の過程で設置しているもの（こお

りやま若者会議は、子ども・若者の社会的排除の解決をテーマとする、こおりやま子ども若者ネットが設立）などがある。

　もともとは行政設置からスタートして、自立的組織になったものもある（多摩市若者会議）。

・法人格の有無

　若者会議の多くは、任意組織で、特に法人格を取得せずに活動している。

　多摩市若者会議は、当初は、行政の呼びかけでスタートしたが、そこから徐々に自立を図り、若者会議のメンバーが会社（合同会社）をつくり、この会社が若者会議の運営方針、事務処理を行っている。ただ行政との関係は、緊密な関係を維持して、地域まちづくりの受託事業等も行っている。

　静岡県を中心に活動する「ＮＰＯ法人わかもののまち」は、「すべての若者が社会に参画できるよう、若者の活動を活性化させ、社会に働きかける事業を行うことにより、もって地方創生や若者の社会参画に寄与することを目的」（定款第３条）とするＮＰＯである（2015年12月設立）。

　もともとは、未来の静岡に危機感を持ち、静岡市内で活動していた若者団体（ボランティア団体、地域活動団体など）の代表者、個人（高校生、大学生）が集まり、2015年６月に「わかもののまち静岡実行委員会」を立ち上げたのがスタートである。

　この実行委員会は、「静岡市地方創生総合戦略に若者参画政策を盛り込むこと」を目標に、若者が地域で活躍するために必要だと感じた施策等を静岡市へ提言することが目的で立ち上げたが、その過程で、持続的に若者が地域で活躍できる環境づくりが必要と考え、2015年12月より「わかもののまち静岡」は団体として活動を始め、2016年６月には、「ＮＰＯ法人わかもののまち」として、法人格を取得している。

・設置期間

　設置期間が１日だけ、あるいは一定期間設置される臨時型と特に期限を設けず継続的に設置・運営される常設型に分類できる。

臨時型には、イベントとして一度だけ設置・開催されるイベント型と一定期間だけ設置・活動する期間限定活動型がある。

　臨時型（イベント型）は、総合計画等における若者の意見聴取のツールとして、広く開催されるようになった。

　ねやがわ若者会議は、第六次寝屋川市総合計画策定にあたって開催されたイベント型の会議で、①寝屋川市の財政や総合計画についての講義を受け、それを踏まえて、②参加者が架空の自治体の幹部職員となって将来のまちづくりを行うシミュレーションゲームを体験し、③グループワークなどで、寝屋川市の未来を語り合うという一日がかりのイベントとして行われている（2018年8月9日開催）。

　臨時型（期間限定活動型）の若者会議の例としては、静岡市わかもの会議がある。この若者会議は、静岡市が呼びかけで集まった若者たちによるもので、「若者が住みたい・住み続けたいまち」をテーマに、1年間の検討・活動を行い、静岡市に対して政策提言を行った（2016年12月）。なお、静岡市から委託を受け、静岡市わかもの会議の運営を担ったのが、ＮＰＯ法人わかもののまちである。静岡市わかもの会議は、1年だけの予算事業であったが、翌年からは、高校生まちづくりスクール（通称：まちスク）として、人材育成に重点を置いた事業にかたちを変えて継続している。

　これに対して、常設型は、特に期限を設けず、継続的な組織として、設置、開催されるものである。本書で詳しく取り上げている若者会議は、もっぱら、この常設型である。

・活動内容
①行政提案が主要な活動の若者会議

　新城市若者議会が代表的な例である。第1期から第6期まで、若者議会が提案したのは、累計で37事業になる（70頁参照）。

　富田林市若者会議は、富田林市のまちづくり全般に関する事項、市長が必要と認める事項について、検討及び協議を行い、その結果を市長に報告する

ものとして設置されている（設置要綱第２条）。2021 年９月に、第１期の若者会議から、市長に対して、富田林の魅力発信など５つの施策提案を行っている。

　蒲郡若者議会は、蒲郡市青年会議所が設置し、運営管理している民間設置の若者会議であるが、検討した政策を「政策要望書」として、行政へ提出することを活動内容としている。第１期の若者議会は、2021 年 12 月に、市長あてに政策要望書を提出した。

　東浦町若者会議は、複数回におけるグループワーク形式で取り組んでいたが、2020 年度より、コロナ対策で１回の会議で完結する内容に変えている。

②子ども・若者の社会的排除の解決を目指す若者会議

　こおりやま若者会議は、子ども・若者の社会的排除の解決を目指す若者会議である。

　若者は地域社会へ参画（民主的な意思決定）から排除されているが、それが、あらゆる次元（経済的・社会的・政治的）での社会的排除につながっているという問題意識から、若者の意見表明及び参画の機会を保障することで、この問題を解決していこうというものである。2021 年度は、理想と現状から考える提言（意見表明や提言の機会づくり、若者が地域と繋がり街を活性化させる居場所づくり等）を作成して、郡山市長へ提言している。

③人材育成を目指す若者会議

　三重県伊賀市の伊賀市若者会議は、伊賀市シティプロモーションの推進のために実施する事業への参画及び協力、市政の特定事項に関する意見及び提案を通じて、人材の育成を目指すとしている（設置要綱第２条）。

④地域実践活動を行う若者会議

　前橋市の前橋の地域若者会議は、自治体への提言型活動ではなく、地域活動団体（自治会や地域づくり協議会等）と協力しながら実践活動を行う地域活動型の若者会議である。

　2014 年１月の設立で、現在の会員数は 10 名、大半が社会人で構成され

ている。参加資格は、市内の地域づくり活動に興味があれば、在住要件は特に必要ない。

　前橋の地域若者会議の活動内容は、

　（1）若者による、地域づくりに関する意見交換、会議等

　（2）若者による、地域づくりの推進のための実地活動

　（3）その他、若者による地域づくりの推進に関すること

である。

　前橋の地域若者会議の代表的な活動としては、文化財である古民家を会場に、2日間にわたって行われた「古民家CAMP in 阿久沢家」がある。ニジマス釣りから始まり、寝相アート(寝ている赤ちゃんをアートの中に落としこみ撮影するもの)、地元の食材BBQ、若者落語、星空観察会、そば打ち体験、いろり会議と続き、2日目は、早朝ヨガなど、若者ならではのイベントを複合的に開催し、地域の魅力を内外に発信している。前橋の地域若者会議では、この他、地域の人を講師に課題解決を図る「若者×地域座談会」を、若者ならではの視点で開催している。

資料Ⅰ－19　古民家CAMP集合写真

（出典）前橋の地域若者会議提供

46

⑤若者のまちづくりの中間支援を行う若者会議

若者まちづくりの中間支援を行う若者会議も生まれてきた。ＮＰＯ法人わかもののまちは、若者まちづくり活動の講師・ファシリテーター等の派遣を通して、中間支援活動を積極的に行なっている。また2020年からは、「わかもののまちサミット」を主催して、若者まちづくりに取り組む実践者、自治体関係者、若者が集い、学ぶ機会をつくっている。

・報酬・謝礼

多くの若者会議は、会議に出席しても、特に報酬や交通費の支給はないが、行政設置の若者会議は、会議への出席1回ごとに、報酬等が支給される場合も多い。

若者会議が首長の附属機関の場合は、若者会議の委員は、地方公務員法第3条第2号の特別職に当たり、地方自治法第203条の2第1項により、報酬を支給することが必要となる。新城市若者議会では、2013年度から開始された新城市地域自治区制度の地域協議会委員の委員報酬を参考に、1回の若者議会に参加するごとに3,000円を支払うこととした。

富田林市若者会議も附属機関であり、市が招集する会議への参加1回につき3,500円の報酬と交通費を費用弁償として支払っている（なお、アルバイトの禁止などの規則がある学校については、学校と協議の上、同額の図書券を報償として支給しているケースもある）。

豊橋わかば議会は、附属機関ではないが、会議1回の出席につき、3,000円が支給される。

伊賀市若者会議は、設置要綱では「若者会議のメンバーに対し、交通費、駐車場代、資料代その他必要な経費に相当する金額を支払うことができるものとする」と規定されている（第6条）。ただし、募集概要では、「原則、伊賀市内での活動に関しては交通費等の支給はありません。実費での参加となります。ただし、市外での活動に参加するための交通費等や活動における必要経費については、市規定の範囲内で支給します」とされている。

東浦町若者会議は、1回の参加につき、図書カード（1,000円）を配布している。

・行政との連携

　行政とは無関係に活動している若者会議も、地域には数多くある。この場合、行政としては、若者たちを温かく見守る「一緒にやらない協働活動」を行ってほしい。

　行政とは無関係に設立・活動していても、その活動自体は、地域の活性化にとっても有用なので、そのフォローのために、行政が若者会議の事務局を担当する場合もある。前橋の地域若者会議は、群馬県前橋市市民部生活課地域づくり係が事務局を務めている。

　行政と若者会議が、積極的に連携し、協働活動を行うことも多い。蒲郡若者議会は、2021年度の市の助成金（がまごおり市民企画公募まちづくり事業助成金）活動ステップアップ部門で採択され、助成金事業としてスタートしている。

　「一緒にやる協働事業」の場合は、若者会議と行政は、主従関係や依存ではなく、お互いに対等な関係であることから、突き放さず、あるいは過度の関与によって団体の自主・自立的な活動を阻害することのないように注意すべきである。その際のコツや注意事項は、前著の『事例から学ぶ 若者の地域参画 成功の決め手』（第一法規・2020年）に詳しく書いたので、参考にしてほしい。この本には、相模原市南区の若者参加プロジェクトと行政との協働関係が紹介されているが、1＋1が3となるような運営がされていて、参考になるだろう。

II

政策の意義や必要性が
首長や部長に上手く
伝わらない

若者参画政策は、自治体の政策課題として
俎上に載せるところが難しい。
その気にさせるポイントを示しておこう。

1

政策化の弱い動機

（1）市民ニーズ・要望の乏しさ

　政治・行政の関心は高齢者に向かい、若者参画問題をあえて政策化しよう
という動機付けは弱い。

・若者政策は費用対効果が悪い

　シルバーデモクラシーとは、高齢化社会のなかで多数を占める高齢者、し
かも投票率が高い高齢者の意向によって、政策が決まっていくことをいう。

資料Ⅱ－1　第 48 回衆議院議員総選挙における年齢別投票状況

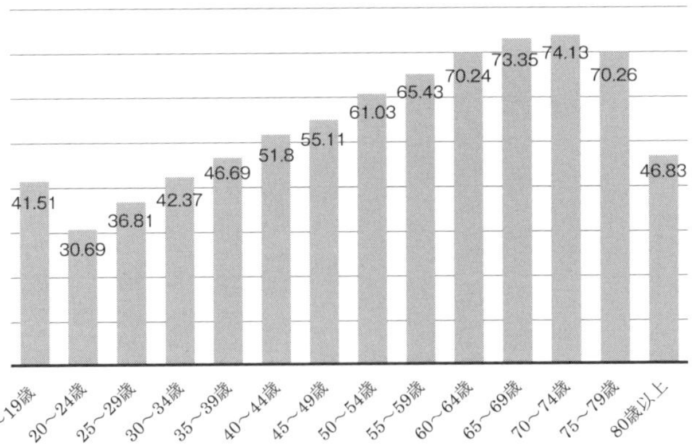

（出典）著者作成

　市長や議員は、何のために活動するのか。政治学の答えは、「当選を目指
すため」とされる。したがって、市長や議員にとっては、人口も多く、投票
率も高い高齢者のニーズに合わせた政策を提案するのが合理的な行動という

ことになる。

　たしかに、20歳代と60歳代を比較すると、人口構成比では、20歳代は10.3%、60歳代は14.4%なので、有権者の数は高齢者のほうが約1.5倍多い。また、投票率（第48回衆議院議員総選挙）では、20歳代前半は30.69%、60歳代後半は73.35%と2倍以上の開きがある。立候補者は高齢者に目を向け、高齢者の声に耳を傾けるのは、ある意味、合理的な選択といえる。

・若者本人も関心が乏しい

　当の若者たちも、政治や行政への関心も低い。

　資料は、年代別の市政の関心度（多摩市子ども・子育て支援事業計画策定に係るニーズ調査報告書）であるが、男性、女性とも10代、20代の関心の低さが目立つ。この世代は、「全く関心がない」の比率も際立っている。

資料Ⅱ－2　市政への関心度（性別・年齢別）

（出典）多摩市子ども・子育て支援事業計画策定に係るニーズ調査報告書（平成30年度）をもとに筆者作成

つまり、若者参画政策に対する当事者たちからのニーズ・要求が少ないということで、この面からも政策化の動機付けが弱いということである。

（2）新規提案の困難性

　自治体側も、新たな課題である若者参画問題に、なかなか手を出せない。

・すき間政策・明確な担当がない

　行政は、当面の課題に追われ、他方、職員数の減少で、なかなか新たな課題に挑戦する余裕がない。

　また、若者参画は、新しい政策課題ということで、これを直接担当する部署がない。若者に着目すれば青少年課、参加に着目すれば市民協働課になる。従来の子ども政策の延長で考えれば福祉課、教育という観点では教育委員会や生涯学習課も関係し、まちづくりで考えるとまちづくり推進課となる。新たな政策ゆえに企画課が担当している自治体もある。若者参画政策は、さまざまな部課に関係するが、逆にいうと、どこも直接担当する部課がない政策ともいえる。すき間の政策は、ときには押し付け合いになるのは役所の常である。

　若者参画政策を推進するに当たっては、的確な情報収集、若者との連携、関係機関との綿密な協力等が不可欠になるが、これは片手間の仕事ではできない。担当部署を明確化することで、実践的かつ継続的に政策を展開することできる。

　若者政策をリードする新城市では、専担組織として、若者政策係を設置した（2014 年 4 月）。

・地方交付税の算定基準には入っていない

　若者参画政策は、地方交付税算定基準には入っていない。つまり、この政策は、自治体の標準的な事業ではないということで、その費用は、自分たち

で負担しなければいけない。

　自治体の歳入は、地方税、地方交付税、国庫支出金、地方債、その他で構成されている。自治体の経費が、すべて自らの財源（地方税）で賄えればよいが、実際には自治体ごとに、担税力に大きな違いがある。財政力指数でみると、2.21（愛知県飛島村）という村がある一方、0.07（鹿児島県三島村、鹿児島県十島村）という村もある（総務省令和２年度地方財政状調査関係資料）。

　この自治体間の財源の不均衡を調整し、すべての自治体が一定の水準を維持できるように是正する仕組みが、地方交付税である。これによって、どこに住んでも、医療や教育のような基本的な行政サービスは、差異なく受けることができる。

　地方交付税は、基準財政需要額（標準的な財政需要）－基準財政収入額（標準的な財政収入）＝必要な財源（交付基準額）という計算式で保障する。基準財政需要額の算定費目は、消防費、土木費、教育費、厚生費、産業経済費、総務費などであって、若者参画にとどまらず、住民自治（市民参加、協働等）に関する経費も、ここには含まれていない。つまり、若者参画をすればするほど、住民自治を進めれば進めるほど、その自治体の持ち出しになってしまうということである。

　今日の厳しい財政状況のもとでは、財源的な裏付けのない、新規の政策的経費を要求するのは困難で、たとえ財政課に要求しても、予算は簡単につかないのが現状である。

2
立法事実を簡潔・リアルに示す
──政策化の弱い動機を補う

(1) 立法事実

　立法事実とは、政策（条例）化の基礎にあって、対応の必要性や内容の合理性を支える社会的、経済的、文化的な事実（データ、市民の意識などを含む）をいう。立法事実は、政策の必要性や正当性を根拠付けるものであり、政策づくりの重要な要素である。政策の必要性や正当性が、政策立案当時も、そして現在もこれら事実によって基礎づけられていることが必要となる。

　具体的には、

　　・問題の所在（問題の程度や性格、原因等）が明確であること

　　・解決すべき政策課題の内容が明確であること

　　・自治体による介入が求められていること

　　・自治体の介入が正当であること（市民活動、経済活動等を過度な制約にならないこと）

等が事実によって裏付けられていることが必要で、若者参画政策でいえば、すでに述べたように、

　　・少子高齢社会とその担い手への配慮

　　・停滞社会・縮減社会の打破

　　・まちや地域の維持等

が、若者参画を政策として考える根拠、背景となっている。

(2) 立法事実を簡潔・リアルに説明する

　若者参画政策の立法事実はその通りであるが、抽象的でリアルさに欠ける。政策化の動機付けが弱い分、簡潔でリアルな立法事実が求められる。

・政策の切れ目で社会から取り残される若者がいる

　国や自治体の子どもに対する政策は、比較的手厚いものがある。しかし、政策の対象が、事実上18歳（高校卒業）までで、それ以降になると急速に手薄になってしまう。移行期の長期化と個人化・多様化に応じた切れ目のない政策が必要になる。

①選挙

　社会参画の典型である選挙における年齢別投票率でみると、18歳は高く、20代前半に急減に低くなり、それから徐々に上がっていく。高かった関心を維持できない結果になっている。これがシルバーデモクラシーの問題につながっていく。自分のまちの年齢別投票率を確認してみてほしい。

資料Ⅱ－3　年代別投票率（東京都知事選挙・多摩市）

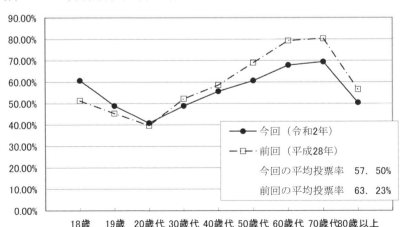

（出典）東京都知事選挙・選挙の記録より筆者作成

②引きこもり

　引きこもりは、社会参画の困難事例であるが、そのスタートは、人によってバラバラであり、20代前半が最も高い結果になっている。

資料Ⅱ-4　家から出ない・他者との交流をとらなくなった時期

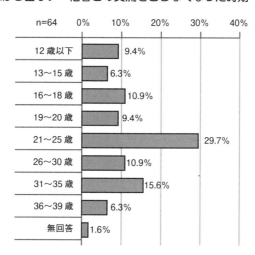

（出典）多摩市子ども・子育て支援事業計画策定に係るニーズ調査報告書をもとに筆者作成

・深刻化する若者の自殺

　自殺対策白書等によると、2020年の自殺者数は、21,081人で、対前年比912人（約4.5%）増となった。2019年まで、10年連続で減少していたものが、新型コロナの影響を受けたものと思われる。

　自殺者数、自殺死亡率を年齢階級別でみると、40歳代、50歳代、60歳以上は、ピーク時から大幅に低下している一方、20歳未満では、近年は上昇傾向にあり、20歳代や30歳代では、ピーク時から低下がみられるものの、減少率は40歳代以上と比べて小さくなっている。

　死因別では、10歳代後半から30歳代までは、死因順位の第一位が自殺となっている。

　年代別に自殺者の原因、動機をみると、10歳代では、学校問題（学校における他者からの身体的、精神的被害など）が最も多く、家庭問題（親子関係の不和など）、健康問題（精神的健康不良など）が、上位を占めている。

　20歳代では、健康問題の比率が最も多く、勤務問題（パワハラやいじめなど職場における他者からの精神的、身体的被害など）、経済・生活問題（貧困、困窮等全般的な経済状態の悪さなど）も比較的多い。

　30歳代では、ほぼ20歳代と同様の傾向を示している。

　自殺の手段についてみると、特に19歳以下においては、男女とも、他の年代に比べ、飛び降りや飛び込みといった突発的に行われ得る手段による自殺が多くなっている。

資料Ⅱ－5　自殺の原因・動機（19歳以下）

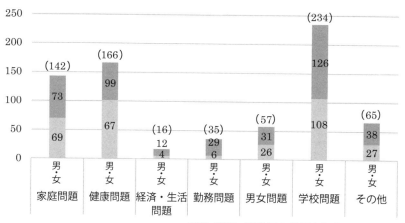

（出典）警察庁・令和2年中における自殺の状況をもとに筆者作成

　自殺については、「生きることを妨げる要因（借金・貧困、虐待・いじめ、病気・介護疲れ等）」ももちろん重要な要素であるが、むしろ、「生きること、生き続けることを促進する要因（将来の夢や希望、本人を取り巻く家族や友人の存在、地域とのつながりや信頼関係、やりがい・生き甲斐がある仕事や

趣味等）」があれば、自殺を思いとどまらせることになるとされる。つまり、「つらさ」があっても、生きることを促進する要因があれば、自殺を思いとどまらせることができるということである。

　生きることを妨げる要因を減らし、生きること、生き続けることを促進する要因を維持し、増やすことが、政府を含む社会全体の役割であり、とりわけ、地域を基盤に人の暮らしに寄り添う自治体の役割である。

・担い手の面から崩壊する地域コミュニティ

　地域においては、現在の担い手が踏ん張り、地域の組織や活動を何とか維持しているが、次に続く世代が、先細りになっている。その結果、地域の公共機能が維持できず、それが子ども・若者世代の揺籃機能を弱めるという悪循環になってしまう。

　まちの活性化の決め手は、「よそ者、若者、バカ者」といわれている。若者の魅力は、「強力なエネルギーを持つ」からだと言われる。たしかに若い人がいるだけで賑やかで、それだけで周囲の人たちも活気づく。若者らしい発想に出会うと、例年通りの仕事をしてきた大人が、これまでの自分を省みる良い機会にもなる。

　その若者の居場所と出番をつくらなければ、地域コミュニティがダメになってしまう。

・高齢者ばかりの審議会

　近年は、行政の審議会に若者を入れようという機運が高まっているように感じるが、それでも全体には高齢者が多い。

　神奈川県の自治体を対象に総合計画の審議会委員の調査（神奈川県市町村研修センター『平成25年度　政策形成実践研究報告書』）を行った。それによると、

　①39歳以下の若者が審議会委員に全くいない自治体は、回答があった27自治体中18自治体にのぼった。審議会委員に、若者が1名いる自治体は6自治体、2名いる自治体は2自治体にとどまっている。

　②総合計画の制定にかかわる審議会委員の平均年齢は、一番低い自治体でも50歳であり、一番高い自治体は70.8歳であった。すべての自治体で、平均年齢は50歳以上であった。5歳区切りで集計すると、資料のとおりとなる。平均年齢が60歳以上65歳未満の自治体が12と最も多かった。

　高齢者も、若者のことを考えて、政策を提案するように努力するが、当の若者でなければわからないこともたくさんあるだろう。若者が参画した方が、話はずっと簡単である。

資料Ⅱ－6　総合計画の制定にかかわる審議会委員の平均年齢別の自治体の数

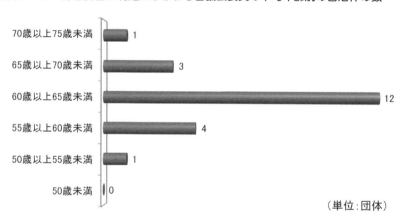

（単位：団体）

（出典）神奈川県市町村研修センター『平成25年度　政策形成実践研究報告書』をもとに筆者作成

・自治体職員の過剰負担

　厳しい財政状況を受けた行財政改革は、職員の削減に向かうが、職員数は、指定都市を除いて減少しており、全国的にも基礎自治体の人的体制は、慢性的に厳しい状況となっている。

　慢性的で厳しい人的体制は、時間外勤務の増加、臨時職員の増加などにつながっていくが、一方で、住民ニーズは、ますます多様化、高度化し、職員一人当たりの業務量が増加していく。こうした職場環境の悪化が、職員の心

のゆとりをなくし、長期病休者の増加につながっている。

　長期病休者を主な疾病分類別でみると、「精神及び行動の障害」が全体の57.7%を占め、10年前の約1.3倍、15年前の約2.5倍と急増していることが分かる。もはや職員個人の努力だけでは、対処できない状況になっている。

　新しい活力を発掘し、公共の担い手を増やしていかないと、職員みんなが参ってしまうだろう。

資料Ⅱ－7　主な疾病分類別の長期病休者（10万人率）の推移

（出典）一般財団法人地方公務員安全衛生推進協会・地方公務員健康状況等の現況調査結果

・自治体の消滅のおそれ

　民間研究組織の日本創成会議が提起した消滅可能性都市は、多くの自治体にショックを与えた。

　それによると、2010〜40年の間に20〜39歳の女性人口が5割以下に減少する市町村の数が、全体のほぼ半数の896に及ぶと推計し、これらを「消滅可能性都市」と呼んだ。

　子どもを産むのは若者であるが、その若者が、地方圏から三大都市圏へ大規模移動することで、地方が消滅してしまうという論理は、一面の真理だと思う。

　これを防ぐには、若者の囲い込みという消極策ではなく、若者が働きたくなる安定した仕事の確保・職場の創出、他に誇れる美しい景観や伝統・文化の掘り起こしなどによって、まちの魅力を高めることである。これによって、若者をつなぎとめ、大都市に出た若者を呼び戻すことができる。

・がんばれば可能性がある

　無理だとあきらめる必要はない。実際、困難にめげず、地方創生の聖地になった町もある。

　徳島県神山町は、徳島県東部の山間部に位置し、交通の便は、徳島駅からのバスしかない過疎のまちである。ある意味、日本中のどこにでもある町といえる。

　ところが、この神山町に、最近では、場所を選ばない企業（ITベンチャー、映像、デザイン会社など）がサテライトオフィスを開くようになった。神山町にオフィスがあるのは、ある種のステータスのような雰囲気さえある。

　神山町が目指すのは、創造的過疎で、ITインフラが整備された町の環境をベースに、過疎や空き家という弱点を安い賃料、豊かな自然という地域資源に反転させ、そのなかでの「職住近接」というまちおこしである。新たな産業の立地に呼応して、子どもを連れた若者夫婦、クリエイティブな人材が移住し、また関連のサービス業（カフェやパン屋等）が生まれている。

　大事なのは、あきらめない気持ちと、これまでの逆境を反転させる新しい発想である。若者が奮起すれば、自分のまちも、地方創生の聖地にもなる可能性がある。

　その後押しになるのが、政府が推し進める「デジタル田園都市国家構想」である。これは、地方のデジタル化によってビジネスや教育、医療といったさまざまな課題を解決し、地方と都市の差を縮めようとするアイディアであ

る。デジタル化が進めば、地方にいながら、首都圏や海外とも仕事ができる環境が整う。デジタル化によって、これまでにない取り組みが生まれ、新しいビジネスに成長する可能性がある。

　デジタルでは、若者の出番である。この追い風を活かすべきである。

3
成功した先行事例を示す
——安心の担保

（1）成功事例をみる

　他の成功例があれば、イメージがしやすいし、安心して取り組むことができる。

・前例主義の肯定面

　役所は、前例主義といわれる。前例主義は、一般には、悪い例として説明されるが、一定の合理性もある。

　役所には、いくつかの行動原理がある。適法性、公平性、公正性、行政計画への整合性等である。また政策決定についても、必要性、公益性、公平性、公正性、効率性、市民性、支援性、優先性などが判断基準で、これらが満たされなければ、政策決定できない。

　政策決定にあたっては、本来ならば、これらを一つひとつ論証しなければいけないが、前例とは、すでに、この審査に合格したものと考えられる。他自治体の先行事例も同様で、これも政策決定の判断基準に合格したものと考えられるので、政策判断の安心材料になる（指定都市のような自治体の先行事例ならば、より高い信頼性がある）。

・先行事例の読み解き方

　いくつかの先行事例を集め、それを比較して、この政策の水準を確認するとともに、それぞれのより良いものを取り入れることで、効率よく政策内容を決定できる。民間企業でいえば、同業他社の業務や他業種の類似業務と比較し、他社より優位に立つ業務手順を設計・実施するベンチマーキングの方式である。自治体の政策づくりでも、もっとも多用されている方式だろう。

仕事は「追いつけ追い越せ」なので、追いつくことにさほど、エネルギーを使わずに現在の水準にすばやく到達して、それをさらに発展させることにエネルギーを使うことができる。この比較表づくりは、基本的には、ノリとハサミの作業で、最近ではコンピュータ・インターネットの普及で、情報の収集がより簡単になり、比較表がつくりやすくなった。

この手法は、横並び意識が強い自治体の政策づくりでは、最も実践的な手法である。オンリーワンが重視される時代であるが、公平感や平均性も行政の基本的使命であるから、横並びの意義を軽視すべきではない。

先行事例を扱うにあたって注意すべきは、それはあくまでも他自治体のケースであり、それを活用するにあたっても、あくまでも仮説、目標である。自分のまちの事情や背景から、政策立案に必要な立法事実をきっちりと積み上げることが大事である。それによって、市民に必要とされ、実効性が上がる政策になっていく。

（2）愛知県新城市・教科書に載る事業効果

全国紙の一面を飾り、高校の教科書に載る事業効果が注目されている。

ア．愛知県新城市

・地方によくある自治体

新城市は、愛知県の東部、東三河の中央に位置する自治体である。旧新城市、鳳来町、作手村の対等合併によって誕生した（2005 年 10 月 1 日新設合併）。合併によって、市域は東西約 29.5 キロメートル、南北約 27.3 キロメートル、全体で 499.23 平方キロメートルの大きな自治体になった。この市域の 84 パーセントは山林で、東三河一帯の水源の役割も果たしている。

他方、人口は、44,937 人（2021 年 4 月 1 日）で、年々減少し、2045 年には 29,847 人まで減少すると予測されている。高齢化の進展は急速で、す

でに 30% を超えているが、2040 年には 40% を超える見込みである。財政力指数は、0.58（2018 年度）の地方によくある自治体である。

・年齢階級別の人口移動数

　資料は、新城市の年齢階級別人口移動のグラフである。5 歳ごとの年齢階級別の純移動数（転入数から転出数を引いた数）が示されている。このグラフから分かるように、10 歳代の後半から 20 歳代は明らかに転出超過となっている。新城市には大学がなく、また就職先も少ないため、若者世代が、進学や就職と同時に他の地域に出ていくということである。

資料Ⅱ－8　年齢階級別人口移動数（新城市）

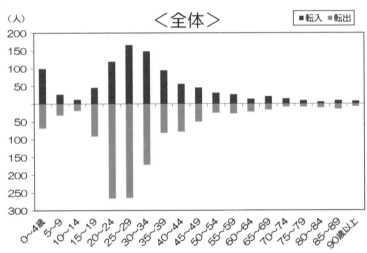

（出典）新城市人口ビジョン（改訂版）

イ．新城市の若者参画政策

・本格的な取り組み

　新城市の若者参画政策は、若者問題を真正面から受けとめた本格的な取り組みとなっている。全体としては、次のような考え方に基づく制度設計となっている。

・若者自身に価値がある。若者を単に育成の対象としてとらえるのではなく、若者は社会を構成する重要な主体、価値である

・かつては、地域や社会に、若者がその価値を発揮できる場所や機会があったが、今日では、減少、消失してしまった

・人口減少、超高齢社会がますます進むなか、次の時代の担い手である若者の主体的参画や取り組みなしでは、自治やまちは継続しない

・市政やまちづくりの場面において、若者が自治の当事者として、自立と責任をもって、かかわっていける場面や機会をつくっていく

・若者が、その力を存分に発揮することで、市民が主役のまちづくり及び世代のリレーができるまちをつくっていく

・**重層的な仕組み**

新城市の若者参画政策は、重層的な政策体系になっている点が特徴である。

①若者総合政策

若者が活躍できるまちを実現するための政策集で方針編・プラン編で構成されている。その根拠となるのが若者条例である（2014年12月制定）。

②若者議会

若者参画事業を企画・提案するのが若者議会である。その根拠となるのが若者議会条例である（2014年12月制定）。

③市民自治会議

自治基本条例の推進組織で、若者議会に対してもチェック・アドバイスを行っている。若者条例、若者議会条例の制定を期に、若者が委員として参加するようになった。

④若者政策係

専担組織として、若者政策係を設置した（2014年4月）。2017年度からは、係長1名、担当者2名の3名体制となっている。

⑤メンター制度

主に若手市職員と若者議会経験者が助言者となって、若者議会を支援す

る仕組みである（第 5 期 17 名、第 6 期 11 名、第 7 期 14 名）

・若者議会の概要

　若者条例第 10 条で、市長は、「若者総合政策の策定及び実施に関する事項を調査審議させるため、新城市若者議会を設置する」と規定されている。その若者議会の詳細について定めたのが、若者議会条例である。

　若者議会の概要は、次のとおりであるが、内容的には、政策提案型の「若者会議」である。そこをあえて、「若者議会」という名称にしたのは、会議だと議論ばかりのイメージになってしまう。議論だけにとどまらずに、政策を決定する組織という意味を込めて若者議会としたものである。

資料Ⅱ－ 9　若者議会の概要

若者議会	
・法的性質	市長の附属機関
・定数	20 名
若者議会委員	
・委員の地位	非常勤特別職公務員
・資格要件	おおむね 16 歳から 29 歳まで、かつ市内に在住、在学または在勤する者
・任期	1 年（ただし、再任は妨げない）
・報酬	3,000 円 / 回

・1,000 万円の予算提案権を付与する

　若者議会には、1,000 万円の予算提案権が付与されている。多くの若者会議は、アイディア出しや提案にとどまるが、新城市の若者議会は、事業費も含む政策案を考え、行政との調整を行いながら、予算を伴う政策提案をしていく点が特長である。アイディア出しだと、言いっぱなしになってしまうが、予算提案権があることで、当事者性と責任が伴う若者組織となっている。

　自治体の予算であるから、予算要求の基本原則である必要性、費用対効果、

公益性、公平性、公正性、効率性、市民性、支援性、優先性などの幅広い観点からの検討が必要になる。若者たちは、思い付きが、政策となっていく仕組みや困難性を体験的に学ぶことができる。またとない主権者教育の場といえる。

・若者議会委員の職業・高校生が中心

若者議会委員は、市内に在住、在勤または在学するおおむね 16 歳から 29 歳までの 20 名で構成する。職業別にみると、当初は、社会人や大学生も多かったが、現在では高校生が主力となっている。これは 18 歳になると大幅な転出超過になる新城市の特徴を反映している。

高校生が増えたことで、知識・経験の不足や学校生活の縛りのタイトさ（学校行事、定期試験等）による時間的制約等から、市政の学びや政策提案について、社会人や大学生とは別の配慮が必要になってきている。

また、近年では、若者議会の卒業生（経験者）が、学校卒業後、再度、若者議会委員になっているケースが散見される。

・市外委員・OB 組織

新城市は、平成 28 年度から市外委員制度も採用している（第 2 期 4 名、第 3 期 5 名、第 4 期 5 名、第 5 期 2 名、第 6 期 5 名、第 7 期 5 名）。大学や就職で市外に出ていても、新城市のまちづくりに関心を持っている若者の受け皿にもなっている。

市外委員は、若者議会委員ではないので、議決権はないが、新城市自治基本条例第 9 条に基づく協力者として、若者議会委員と一緒に政策を検討する（メンターは、若者議会委員や市外委員の政策検討におけるサポート役である）。

若者議会の OB 組織（一般社団法人若者議会連盟）もある。若者議会を卒業した若者が設立した市とは独立した組織である。若者議会を終了後も市や若者議会に関わりを持つための受皿として、平成 28 年度に設立され、若者議会卒業生が任意で加入する。若者議会への視察対応や市からの委託事業、

資料Ⅱ－10　新城市若者議会委員（職業・構成比）

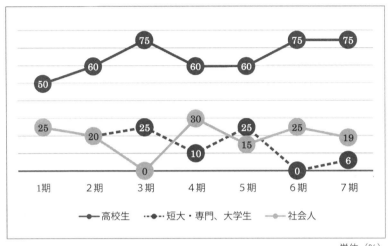

単位（％）

（出典）筆者作成

若者議会における政策検討へのアドバイス、協力等を行っている。

ウ．事業提案と成果

・第1期から第6期まで37事業を提案

　第1期から第6期まで、若者議会が提案したのは、累計で37事業になる。

　経年で行われている事業もあり、類型化すると、次の17分野に分類できる。これをみると、自分たちの関心からスタートしても、他世代やまち全体を考えた事業提案を行っていることがわかる。

　顕著な政策効果が現れているものもある。後述する「ふるさと情報館リノベーション事業」では、大幅な利用者増となった。新城まちなみ情報センターでも、使用者層が広がり（学生が増え、小学生の利用も見られるようになった）、利用者数も増加している。

資料Ⅱ－11　若者議会提案事業（分野別）

対象	主な提案事業名	主な成果
新城図書館	ふるさと情報館リノベーション事業、図書館リノベーション事業	２階郷土資料室・多目的スペース利用者数　年間約数十人→4,119人（H28.10～H29.9)
新城まちなみ情報センター	情報共有スペース設立事業、ハッピーコミュニティ応援事業	利用者　H24　7,383人→R1　10,017人
若者議会	若者議会ＰＲ事業	R1　行政視察受入れ32件、事例発表4件
新城市ＰＲ	手渡しは最高のコミュニケーション事業	若者議会委員と市役所とで市外にてＰＲ活動
健康づくり	いきいき健康づくり事業	バブルサッカー健康教室の実施
高齢者福祉	地域でおしゃべり事業	若者参加者延べ16人、高齢者参加144人（H30)
防災	地域と関わる若者防災事業	地域や団体から若者防災の会「襷」へのイベント参加依頼などの増加
ふるさと納税	ふるさと納税リニューアル事業	H26　170件　3,672千円
		R1　558件　18,095千円
観光	若者アウトドア観光事業	レンタサイクル利用実績　H27　50件　R1　135件
	家族でしんしろってかん？事業	新城市に再訪してもらうための思い出となるような自然体験イベントの実施
教育	教育ブランディング事業	若者議会自らが中学生に対してまちづくりワークショップを実施
消防団	若者消防団員加入促進事業	消防団に加入していない市内在住の19～29歳へアンケートを実施
文化事業	夢が叶うフェス事業	市民が気軽に趣味や特技を発表できる場
公共交通	NO BUS NO LIFE事業	路線バスに触れ合うイベント
企業	C＆Hマッチング事業	市内の企業情報を高校生に届ける
移住	ビンゴde移住事業	若者ファミリーに、新城の良さを知り、地域と関係を持ち、移住後の生活の支援が受けられるようビンゴという手法で移住を促す
駅前商店街開発	感じてみりん！新城の桜プロジェクト事業	新城駅前の桜の思い出や歴史を残し、次世代にも繋いでいくために、伐採された桜を活用した看板を設置する
国際交流	PON×2 Bonds事業	国籍に関係なく、市民全員が住みやすいまちとなるよう、日本人と外国人が知り関わるきっかけがうまれるイベントの実施

（出典）新城市役所提供

・ふるさと情報館リノベーション事業

　この事業は、新城図書館２階の郷土資料室を勉強スペースにするというアイディアで、若者議会第１期委員による提案である。

　これまで郷土資料室の利用は、きわめて少ない一方、テスト前になると図書館を利用したい高校生で混み合うのが課題であった。そこで、郷土資料室を多目的スペースへ改修して、自主学習スペースを確保するとともに、郷土資料の展示を工夫することで、両者の両立を図った。また、飲食ができる休憩コーナーを新設し、若者が利用しやすくした。これによって、これまで年間数十人しか訪れなかった２階利用者が、年間4,000人を超えるまでになっている。

資料Ⅱ－12　新城図書館２階郷土資料室

(旧)

(新)

(出典) 新城市役所提供

・ふるさと納税

　ふるさと納税そのものは、問題のある制度である。つまり、自分のまちに対しては責任を持たず（納税せず）、税金で返礼品をもらう制度だからである。本来は、ふるさとを応援する制度のはずであるが、結局は、返礼品競争になっている。だからと言って、手をこまねいていると、自分のまちの税金が流出することが続く。スタンスの取り方の難しい制度である。

　若者議会が、ふるさと納税を取り上げたのは、第2期（平成28年度）と第3期（平成29年度）である。

　第2期の提案は、「新城市若者議会ＰＲ事業」のなかの一環という位置づけで、ふるさと納税を考えたものである。第3期は、その事業化の提案で、ふるさと納税リニューアル事業として位置づけられている。

　予算・決算でみると、第2期（実施は平成29年度）では、予算は208,000円、決算は1,296円である。予算の内容は、ふるさと納税分は、先進事例調査である。第3期（実施は平成30年度）では、予算は361,000円、決算は309,048円となっている。内容は、お礼の品生産者へのインタビューと記事の作成、新聞広告の掲載である。

　2年合計では、予算は569,000円、決算は310,344円となっている。

　他方、ふるさと納税の実績は、次の通りである。若者議会が取り組み始めた平成29年度から、ふるさと納税の実績が急上昇している。令和2年も、コロナ禍という影響もあるかもしれないが、件数、金額とも着実に増えている。

　これは若者の取り組みが、市役所や事業者に刺激を与えたものと思われる。新城市役所の担当課も、「3期委員を中心にプロジェクトチームを結成し、担当課（企画政策課）とともに活動した。具体的には、体験型の返礼品の提案、生産者インタビューの記事をふるさと納税サイトへアップ、寄付者へのお礼の手紙作成を行うことで、納税額アップへ貢献した」と評価している。

資料Ⅱ－13　新城市ふるさと納税

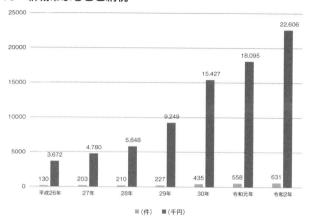

（出典）新城市提供資料をもとに筆者作成

エ．間接的・波及的成果

・若者と地域との交流

　若者と地域の関係が疎遠になりがちななかで、若者議会の活動は、若者と地域をつなぐ機能を果たしている。

　若者たちが立ち上げた若者防災の会は、活動を続けていくうちにイベントなどへの協力依頼や地域の防災訓練などに呼ばれるようになった。

　若者が手掛けた観光マップは、市内道の駅にある数ある観光マップのなかでもトップクラスの人気となっている。

　教育ブランディング事業として提案された中学校での若者議会とのワークショップがきっかけとなり、小中学校への出前授業を頼まれるようになった。この若者議会との交流が、若者議会への参加のきっかけになったケースもある。

・公共に関わる若者の増加

　若者議会を経由して、行政は、多くの若者とのネットワークが構築できるようになった。若者たちと、さまざまな場面で連絡を取ったり、参加を呼び掛けたり、意見を聴くことができるルートが開かれた。

その結果、公共に関わる若者を増加させている。市の条例や計画を策定する際の委員、地域協議会の委員、市議会議員などに就く若者議会経験者が増えてきている。

　自治基本条例は、「老若男女みんなが当事者となってまちづくりをすすめる」ことが目標であるが、その運用をチェックし、推進する組織である市民自治会議に、若者枠5名が加えられた。これによって、市民自治会議は、10代から70代までの委員で構成されることになり、さまざまな世代で議論する土台が整った。若者参画政策は、若者人材バンクの機能も果たしている。

・教科書にも載る・シビック・プライドを高める

　新城市の若者参画政策は、まちづくりへの若者参画先進事例として全国から注目されている。

　2016年に、第11回マニフェスト大賞「最優秀シチズンシップ推進賞」を授賞した。また全国版の新聞記事にしばしば取り上げられるなど、社会的に高い評価を受けている（朝日新聞の一面に掲載されたこともある）。行政や議員による行政視察、講演会などの事例発表の機会も多い。「新城市といえば若者議会、若者議会といえば新城市」といった知名度も向上してきている。

　2022年度から実施される高校の新学習指導要領では、主権者教育の充実を図る必修科目「公共」が新設される。新城市の若者議会の取り組みは、2022年度発行の高等学校公民科教科書（東京書籍株式会社）における「地方自治」を学習する単元に掲載されることになった。条例に基づき若者議会を設置したこと、予算提案権を持ち市立図書館のリノベーションを行ったことなどが紹介されている。

　若者参画政策は、新城市民のまちへの愛着、誇り、共感（シビック・プライド）を高める機能も果たしている。

資料Ⅱ－14　マニフェスト大賞の際のプレゼン

（出典）新城市役所提供

（3）神奈川県相模原市南区・地域からの若者参画政策の提案

　相模原市南区では、住民が行政と協働して、地域のニーズから組み上げる若者参画政策が行われている。

ア．相模原市

・都心へのアクセスに優れた住宅都市

　相模原市は神奈川県の北部に位置し、面積は 328.91 平方キロメートルで神奈川県のなかで 2 番目に広い自治体である。人口は、72 万 5,493 人（2020 年国勢調査）で、全国 18 番目、神奈川県内では 3 番目の大都市である。

　相模原市は、2006 年の 3 月に津久井町・相模湖町と合併、2007 年 3 月に城山町・藤野町と合併したことにより、政令指定都市となった（2010 年）。中央区・緑区・南区の 3 行政区で構成されている。

　相模原市は交通の便が良く、5 つの鉄道（小田急線・京王相模原線・JR 中央本線・JR 相模線・JR 横浜線）と 3 つの幹線道路が整備されている。交通機関が発達していることから、人が集まりやすく住宅都市として発達し

てきた。それゆえ、相模原市は、中心となる核のない町といわれる。そのなかでも南区は、都心へのアクセスに優れ、市を代表する商業、文化・文教施設が立地している。

・住宅都市の宿命——人口減少・少子高齢化

　日本の人口は、2008 年をピークにすでに減少局面に入ったが、相模原市の場合は、2019 年までわずかながら人口は増え続け、それ以後は、減少に転じ、2060 年には約 54 万人まで減少すると推計されている（相模原市まち・ひと・しごと創生総合戦略）。

　特に注目すべきは、子育て世代が転出超過傾向であることで、年代別人口移動をみると、1980 年〜 1995 年までは転入超過であった 30 歳前後のいわゆる住宅購入世代が、2000 年以降は転出超過へ転じている。都心回帰の影響をもろに受けた格好になるが、この流れが一気に加速すると、人口減少は当初の予想を超えて進む場合も出てこよう。

　他方、高齢化率は、2010 年の 19.4% が、2035 年には 32.1%、2060 年には 42.3% になると予想されている（相模原市まち・ひと・しごと創生総合戦略）。これは住宅都市の宿命といえる。

・年齢階級別の人口移動率

　相模原市内には 7 つの大学・短期大学 (青山学院大学相模原キャンパス・麻布大学・桜美林大学プラネット淵野辺キャンパス・北里大学相模原キャンパス・相模女子大学 / 短期大学・女子美術大学・和泉短期大学) がある。また、相模原市近郊には、玉川大学や東海大学などの規模の大きい大学もあることから、相模原市は学生が集まるまちといえる。

　この点は、年齢階級別の人口移動率に顕著に表れている。5 歳ごとの年齢階級別の純移動数では、資料のとおり、大学生世代（18 〜 22 歳）の大幅な転入超過となっている。ただ、この若者も、大学卒業（就職）とともに転出してしまっている。相模原市南区の若者参画の取り組みは、この大学生世代をターゲットにしたものである。

資料Ⅱ－15　相模原市の年齢階級別人口移動率（2010年→2015年）

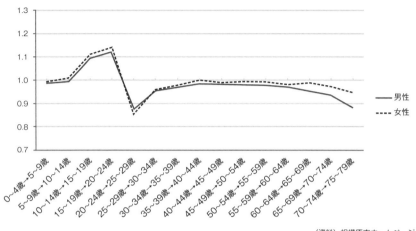

（資料）相模原市ホームページ

イ．区民会議からの若者参画政策の提案
・区民会議とは

　指定都市の行政区には、区民の代表者を集めた区民会議が置かれる場合がある。神奈川県には３つの指定都市（横浜市・川崎市・相模原市）があるが、いずれも区民会議を持っている。

　区民会議の位置づけや役割は、自治体ごとにさまざまで、行政による広報の相手方から地域まちづくりの主体まで幅がある。

　南区区民会議のメンバーは25人で、自治会の代表者、公益的活動を行う者、学識者などで構成されている。また、相模原市南区内の大学生にも委員枠があり、幅広い世代が参加する区民会議となっている。

　相模原市の区民会議の所掌事項は、

　・市長より諮問される事項

　・魅力や住みよさを高めること及び地域課題の解決

　・地域活動団体等の活動支援や活性化

　・その他区民会議の目的達成に必要な事項

と3区共通であるが、それぞれの区民会議ごとに、力点の着き方は違っている。

　南区区民会議で重視されているのは、地域からの政策提案（シンクタンク）機能である。政策課題は現場で起こってくるが、それを真っ先に取り上げて、自治体の政策にしようという役割である。また、区民会議の教育機能も重要で、地域の代表が区民会議から学び、それを地域の活動に持って帰り、さらに実践するという機能にも力を入れている（区民議会で学んだ闊達な会議運営方法は地域の会議でも実践されている）。

　区民会議は、年間7～8回開催される非常設の会議体であるが、相模原市南区では、この区民会議から、若者参画政策が提案され、関連事業が展開されるとともに、ここから生まれた若者組織（若者参加プロジェクト）が、独自の実践活動を行っている。

資料Ⅱ－16　区民会議の様子

（出典）相模原市南区区民会議フェイスブック

・南区区民会議の若者参画の取り組み

　南区区民会議における若者参画の取り組みは、学生が集まるまちという相模原市の特性を活かしたものとなっている。

　若者には、若者の持つ知識や経験、行動力があり、それは資源であるとい

う理念に基づき、それを地域活性化のために活かすとともに、学生たちが、まちに出て、地域の人たちから感謝され、評価されることを通して、若者たちの自己肯定感、自己有用感を高めていくという２つの目標を軸に、取り組みが行われている（後者は、若者にとっての Win である。Win・Win でないと若者参画はうまくいかない）。

資料Ⅱ－17　南区区民会議の若者参画政策の取り組み

	テーマ	取り組んだ事業等
第1期 平成 22.7.30 ～平成 24.7.29	区ビジョンの策定	・区の将来像を示す「区ビジョン」の策定（市長への答申） ・区ビジョン策定にあたり第１回無作為抽出型区民討議会（「～わいわいみんなで語ろう～南区区民ミーティング」）などを開催 ★以降、無作為抽出型区民討議会を期ごとに１回（隔年１回）で開催
第2期 平成 24.7.30 ～平成 26.7.29	若い世代のまちづくりへの参画促進	・「南区区ビジョン」推進のため、「若い世代のまちづくりへの参画促進」をテーマに設定 ・区内大学に「若い世代のまちづくりへの参画促進」に関する方策を検討・提案することを目的とした調査業務を委託 ・若い世代が主体となって事業を企画・実施するために南区若者参加プロジェクト実行委員会を立ち上げる ・若い世代を取り組んだまちづくりに関する調査 ・若者参加のルールブックの検討 ・More 輝区～南区アイディアコンペの開催
第3期 平成 26.7.30 ～平成 28.7.29	若い世代のまちづくりへの参画促進	・「まちづくりのトリセツ」の検討（実証実験を繰返す） ・「まちづくりのトリセツ」の発行 ・More 輝区～南区アイディアコンペの開催
第4期 平成 28.7.30 ～平成 30.7.29	世代間交流促進のための仕組みづくり	・「南区区ビジョン」を推進するため、「世代間交流促進のための仕組みづくり」をテーマに設定 ・地域活動などで様々な世代が活発に意見交換が図られる手法を学ぶため、「世代間交流を促進するためのリーダーの育成事業」を実施 ・働く世代・子育て世代の地域活動に対する考え方のアンケート調査の実施 ・More 輝区～南区アイディアコンペ～の共催
第5期 平成 30.7.30 ～令和 2.7.29	世代間交流促進のための仕組みづくり	・区の将来像を示す新たな「南区基本計画」の策定（市長への答申） ・南区基本計画の策定にあたり、「高校生未来討議会～南区パーティー～」などを開催 ・地域活動などで様々な世代が活発に意見交換を図る手法としてファシリテートスキル作成の検討 ・More 輝区～南区アイディアコンペ～の共催

（出典）筆者作成

区民会議委員は、1期2年の任期であるが、第2期（平成24年～26年）と第3期（平成26年～28年）では、南区の各地区の課題であった「若い世代のまちづくり参画」に取り組んだ。このなかで、南区若者参加プロジェクトの設置、若者のまちづくりルールブックである「まちづくりのトリセツ」の作成などを行っている。

　第4期（平成28年～30年）と第5期（平成30年～令和2年）は、その延長で、「世代間交流促進のための仕組みづくり」に取り組み、世代間交流を促進するためのリーダーの育成事業や「南区流ファシリテートスキル」の作成などの事業を行っている。

・若者参加プロジェクト（若プロ）

　正式名称は、若者参加プロジェクト実行委員会であるが、若者たちは短く「若プロ」と呼んでいる。若プロは、南区区民会議の若者参画の取り組みのなかから生まれた若者活動組織で（2014年3月）、区民会議の惑星型組織として、区民会議と連携を保ちながら、若い世代が主体となって、若い世代のまちづくりの参画促進を図るための事業を企画・実施している。

　若プロの委員は、2022年1月現在で14名である。社会人5名、学生9名（市外大学院2名、区内大学6名、市外大学1名）の内訳となっている。住所については、市内在住7名、市外在住7名である。社会人のなかには、学生時代から若プロで活動し、社会人になっても、そのままメンバーとして活動する若者もいる。

　主な事業内容としては、

　・若い世代のまちづくり参加促進に係るイベントの企画・実施

　・若プロの周知・ＰＲ

　・若い世代の意見聴取の場となるワークショップなどの企画・開催

　・区民会議との連携

　・南区の魅力づくり事業との連携

　・区内大学との連携

などである。

資料Ⅱ－18　若プロ・定例会

（出典）若者参加プロジェクトフェイスブック

・若者参画ルールブック

　若い世代のまちづくり参画に関する検討を続けていくなかで、若い世代も地域の受入団体側も、お互いに不慣れで、若者参画のための心構えや環境整備が不十分であることが分かってきた。

　異文化交流のようなもので、それを乗り越えるには、相互が理解し合うための基本的なルールが必要ということになり、そのためのルールを記述し、明文化した若者参画ルールブックを発刊しようということになった。

　その結果できあがったのが、『まちづくりのトリセツ－若者がまちづくりに参加するために大切なこと－』である。若者を含めたあらゆる世代の人が、まちづくりへの参画をスムーズに行うための取扱説明書（トリセツ）、いつでも取り出せる説明書（トリセツ）として、積極的に活用してもらおうというものである。記載されている内容は、まちづくりに参加するために大切なことを若者だけではなく、受け入れる側・学校・行政に分けて記載されている。インターネットでも見られるので、一度のぞいてみてほしい（「まちづくりのトリセツ」で検索）。

資料Ⅱ－19　まちづくりのトリセツ

・ファシリテートスキル

　相模原市南区区民会議では、「若い世代のまちづくり参画」に取り組んだ後に第4期、第5期の事業として、「世代間交流促進のための仕組みづくり」に取り掛かった。せっかく若者が地域の集まりに出ても、説明や報告ばかりで、「早く終わらないか」と思えてしまう会議では、二度と参加しなくなってしまう。世代間交流を継続的、安定的に行うには、地域活動等における会議を活発で効果的に進行するための仕組み・技術が必要である。そのツールのひとつが、ファシリテーションで、それをだれもが簡単に使えるためのマニュアルをつくろうと考えた。それが、「南区流ファシリテートスキル」である。

　作成に当たっては、先進自治体である静岡県牧之原市から講師に来てもらい、先進手法について学ぶ「市民ファシリテーター育成研修会」を開催するとともに（平成29年度）、若プロのメンバーが中心となって、試行、検証を繰り返した。若プロの定例会ではファシリテーションを実際に行い、また、ワークショップが得意な委員を中心にファシリテートの自主練習も行った。若プロが運営する区民会議の無作為抽出型討議会や高校生討議会のグループ

ワークでは、ファシリテーターとなって実践を重ねていった。

　こうした若プロの体験、実践をベースに、同時に、実際に地域活動を行っている区民会議委員等の意見も踏まえてまとめ上げたのが、「南区流ファシリテートスキル」である（ふとした瞬間に会話がとまってしまう場合がある。こんな時どうするかなどが書かれている）。

　これを冊子にしたので、誰もが参考にすることができ、またインターネットでも検索できる。活発な議論づくりのための参考にしてもらいたい。

資料Ⅱ－20　南区流ファシリテートスキル

（出典）相模原市南区役所提供

ウ．連携・自主活動する若プロ
・アイディアコンペ

　相模原市南区には、さまざまな名産品やイベント、人や団体の活動など、誇るべき資源が数多くある。その南区の魅力ある資源を知り、ＰＲするためのプレゼン大会が「More 輝区～南区アイディアコンペ～」である。

　この事業は、若プロの主催で、若者たちが企画や運営を行う。企画段階から若プロのメンバーでテーマを決め、自分たちでチラシやポスターをデザインし、プレゼンターの募集やイベントの周知を行う。また、イベント当日の

タイムスケジュールやプレゼン大会の形態なども一からメンバーが考えて、運営する。区民会議の役割は、「若者に任せる・温かく見守る」である。

この事業では「南区アイディア賞」「オーディエンス賞」「審査員特別賞」の３つの賞が設けられているが、このうち、最高賞の「南区アイディア賞」は、若プロメンバーだけが審査員である。

若者たちが企画・実施した「More 輝区～南区アイディアコンペ～」で提案された内容は、提案だけにとどまらず、実現化を図るように心がけている。言うだけでなく、実現するという流儀は、若者のメンタリティーにあっている。

これまで実現化されたものには、次のような事業がある。

・「おいでよ！南区 Happy たまごまつり」

相模原市南区の麻溝台地域は、たまご街道と言われ、たまご関連の事業所が多い。このたまごを活用したイベントを若者たち（相模女子大学）が提案した。その具体化で、南区内の小学生が考案した、たまごを使用した給食のグランプリを決める「きゅうしょくグランプリ」や「たまごのつかみどり」「レインボーエッグハント（スタンプラリー）」「フォトスポット」「ゆるきゃら撮影会」など親子連れで参加できるイベントが開催された。

・「木もれびの森」ガイドマップの作製

南区にある「木もれびの森」を安全・安心に散策を楽しめるようにするための看板の設置やガイドマップの作製を若者たち（女子美術大学）が提案した。その実施も提案した若者たちが行い、デザインは女子美術大学の学生たちが行い、木もれびの森を管理する NPO 法人・相模原こもれびと市役所・水みどり環境課と連携して実施した。

資料Ⅱ－21　南区アイディアコンペ・募集ポスター

（出典）相模原市南区区民会議フェイスブック

・無作為抽出型区民討議会の運営

　相模原市南区区民会議の開発したものの一つに、無作為抽出型区民討議会がある。これは、ドイツで行われているプラーヌンクスツェレを日本風にアレンジしたものである。市民参加というと、指名や公募によるのが普通であるが、これは住民票から無作為で抽出する方式である。アンケートをみると、参加した人の大半は、役所のこうした会議に参加するのは初めてで、「抽選に当たって選ばれたから、参加する気になった」というのが主な参加理由である。

　相模原市南区区民会議では、この無作為抽出型の区民討議会を 2011 年以降、隔年で実施しているが、その会議の当日の運営を若プロが行っている。習得したファシリテートスキルを活かして、明るく楽しい会議を実践している。

　電算化されている住民票から抽出するので、性別、年齢別、地区別等による抽出が可能で、2013 年 9 月 22 日に行った無作為抽出型討議会「わいわいみんなで語ろう Part2」では、16 歳以上 39 歳以下と年齢制限をかけた抽出を行い、「若い世代のまちづくりへの参画促進方策の検討」を行った。

また、2019年からの無作為抽出討議会からは議論した内容を「見える化」するために、若プロメンバー（地元の女子美術大学学生）によるグラフィッカーも導入している。

資料Ⅱ－22　模原市南区における無作為抽出型区民討議会の議題

2011年	1：南区の魅力的なまちづくりとは？ 2：高まる地域コミュニティの役割！今必要とされる地域力とは？
2013年	若い世代のまちづくりへの参加促進方策
2015年	若い世代のまちづくり
2017年	世代間交流促進のための仕組みづくり
2019年	世代間交流促進のための仕組みづくり

（出典）相模原市ホームページより筆者作成

・地域活動協力・地域イベントに参加

　若プロメンバーは、相模原市南区内で行うイベントや地域のまつりにも積極的に参加し、区民との交流も行っている。2016年に、ユニコムプラザで行われた「まちづくりフェスタ」では、子どもを対象としたプラ板を出展した。2019年の「相武台納涼祭」では、お祭りに来る親子で体験できるタトゥーシールを出展した。また、盆踊りにも積極的に参加し、地区の住民の中に入っていく活動も行っている。

　その他、相模原市南区内で行われたシンポジウムやFMさがみ、タウンニュースなどの地元マスコミにも頻繁に登場している。

資料Ⅱ－23　若プロ・相武台前納涼盆踊り大会への参加

（出典）若プロ・ホームページ

・高校生未来討議会の開催

　相模原市の新総合計画の策定で、南区版をつくることになり、若い世代の意見を取り入れることが決まった。地元の高校生の意見を聴こうということになり、その企画・運営を若プロが担当した。

資料Ⅱ－24　高校生未来討議会

（出典）相模原市南区役所提供

正式名称は、高校生未来討議会であるが、これでは固すぎるということで、若者たちの提案で、南区パーティーに（略して、「みなパ」）と名付けられ、運営された。

　当日は、参加者が５グループに分かれて、生活していて感じる「便利なこと」「不便なこと」から、将来こんなまちになって欲しい、南区に対して不便に感じていることと対応策について検討した。そのファシリテーターやグラフィッカーも若プロのメンバーが担当した。

　その成果を総合計画南区版に反映している。

・若者の能力を活かす

　地元女子美術大学の若プロメンバーが、若プロ公認キャラクターやロゴデザインを制作している。

　若プロの公認キャラクターの「ななけろ＆じゃっく」は、若者たちが制作し、区民の投票などを経て決定された。ななけろ（カエル）は、相模原市南区の７（なな）つの地区（大野中、大野南、麻溝、新磯、相模台、相武台、東林）を表し、若プロのスローガン「街を変える（カエル）、街に還る（カエル）」にもかけている。じゃっく（おたまじゃくし）は、カエルの子どもで、若者の若（じゃく）にかかっている。

資料Ⅱ－25　若プロ公認キャラクター・ななけろ＆じゃっく

（出典）筆者提供

　ロゴマークは、「若」と「プロ」が融合したロゴデザインで、若プロが、一目で認識できるものとなっている。

資料Ⅱ－26　若プロロゴマーク

南区若者参加プロジェクト

（出典）相模原市南区役所提供

（4）　東京都多摩市・子どもから若者までの切れ目のない支援と活躍

ア．東京都多摩市

・2つの顔を持つ都市

　多摩市は、東京都の中央南、多摩丘陵の北部に位置し、ニュータウン開発によりベッドタウンとして発展してきたまちである。人口は、2022年1月1日現在、147,528人である。

　多摩市は、丘陵を開発し、計画的なまちづくりが進められたことから、公園や緑も豊かで、歩車分離の道路が整備されるなど、住みやすいまちとなっている。

　多摩市は、ベッドタウンであるが、昼夜間人口比率は、意外なことに101.0と高くなっている。これは計画的な都市建設にあわせて企業集積が進められたためで、特に情報通信産業の集積比率の高さが際立っている。多摩

市は、住宅と産業という２つの顔を持つ自治体といえる。

　多摩ニュータウン新住宅市街地開発事業地域の土地供給は終了しているため、多摩市全体としては、今後、大きな人口増加は見込めない反面、ニュータウンの宿命として、急速な高齢化を迎えている。高齢化率は、2019 年現在で、すでに 28.7％であり、団塊の世代が後期高齢者（75 歳以上）に達する 2025 年には 30.9％、2050 年には 41.9％まで上昇するとみられている。財政力指数は 1.14 で、豊かな自治体である（2019 年度）。

・年齢階級別の人口移動数

　５歳ごとの年齢階級別人口移動では、転入・転出とも、20 歳代、30 歳代がボリューム層となっている。大学入学時期の 15 ～ 19 歳は転入超過、大学卒業・就職時期の 25 ～ 29 歳で転出超過の傾向となっている。ここから、20 歳代、30 歳代をターゲットに、若者参画政策が行われている。

資料Ⅱ－ 27　年齢階級別人口移動数（多摩市）

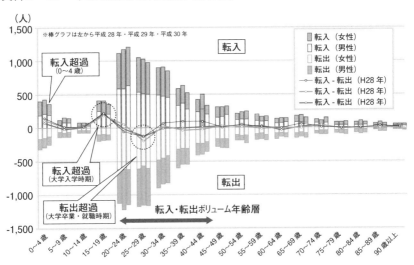

（出典）多摩市ホームページ

イ．多摩市の若者参画政策

・子ども・子育て・若者プラン

　子ども・若者育成支援推進法は、市町村に対して、子ども・若者育成支援推進大綱等を勘案して、子ども・若者育成支援についての子ども・若者計画を作成することに努めることを求めている（第9条）。また、子ども・子育て支援法は、市町村は、基本指針に即して、5年を一期とする計画を定めるものとするとしている（第61条）。自治体では、これら規定に基づき、事業計画を策定している。

　多摩市の場合は、両法の事業計画を合体した「子ども・子育て・若者プラン」を策定している。「子どもや若者が自分らしく成長することを、保護者や地域のみんなで支え、ともによろこびあえるまちになる」との基本理念のもとに、基本方針、基本施策という重層構造のプランとなっている。

　このプランでは、子ども・若者が対象となっているが、若者については、困難を抱える若者に関する支援に重点が置かれ、若者の地域・まちづくり参画については、一般的で具体性に乏しい記述になっている。これは子ども・若者育成支援推進法と子ども・子育て支援法そのものが持つ弱さが、反映したものといえる。

資料Ⅱ－28　多摩市の多摩市子ども・子育て・若者プラン

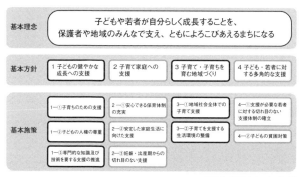

（出典）多摩市ホームページ

・法律の弱さを条例でカバーする

　子ども・若者育成支援推進法と子ども・子育て支援法が持つ弱さ・限界を自治体の条例でカバーする試みが、多摩市で制定された子ども・若者の権利を保障し支援と活躍を推進する条例である（2021年12月制定）。行政計画である子ども・子育て・若者プランを条例までに高めた発展系ともいえる。

　この条例のコンセプトは、次の通りである。

①子ども・若者の権利

　子ども・若者を取り巻く今日的な状況に合わせて、子ども・若者の権利を再構成し、明示する。

②法律・制度のすき間を埋める

　縦割りに乱立している国の子ども・若者関連の法律や政策を地域でならして、すき間を埋めるものである。

③縦のネットワークの構築

　18歳までで区切る法律の枠を乗り越え、幼児期、学童期、思春期を経て青年期までを通して、切れ目のなく、継続的に子ども・若者に寄り添うことによって、一貫した支援・活躍の後押しを行う。これは移行期の長期化、多様化に対応したものである。

④横のネットワークの構築

　自治体が中心となって、関係組織・団体と連携・協力しながら、子ども・若者をフォローし、支援・活躍の後押しをする。これは、子ども・若者問題は、従来型の権利救済手法では解決できず、関係者が、それぞれの強みや得意分野を発揮して、連携・協力して進めるという協働の考え方に基づくものである。

⑤地域・まちづくり参画の具体化

　子ども・若者育成支援推進法では抽象的な内容にとどまっている子ども・若者の地域やまちづくりへの参画、子ども・若者の活躍について、その具体化を図っている。

　この子ども・若者の権利の再構築、制度の空白の穴埋め、縦のネットワーク、横のネットワーク、参画・活躍の深堀りによって、子ども・若者の自己形成・人格的自立、経済的自立、社会的自立を後押しするのが、この条例である。

　なお、誤解があるといけないので、確認しておくが、ここに「活躍」とは、起業ビジネスのようなことをいうのではなく、自分の得意分野、能力を引き出し、発揮できる機会をつくるという意味である。自己肯定感、自己有用感を後押しするという意味である。子ども・若者が、それぞれの持つ個性、特性を活かして、その力を存分に発揮できるようにすることが、最大の支援ともいえるからである。

資料Ⅱ－29　子ども・若者の権利を保障し支援と活躍を推進する条例（コンセプト）

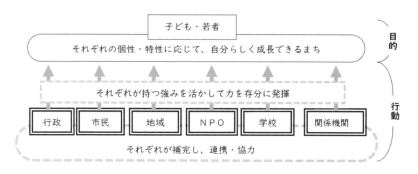

（出典）多摩市子ども・若者総合支援条例検討会資料

・若者参画を含む総合条例

　多摩市の条例は、若者参画を含む子ども・若者の自立に関する総合条例である。

　この条例の対象とする子ども・若者は、おおむね30歳代までの市民である。多くの法律が18歳までを上限としているなか、これでは、子ども・若者を取り巻く今日的な課題には対応できないからである。

　基本理念については、次の4点が示されている。

（1）子ども・若者の権利が保障され、子ども・若者の最善の利益が尊重
　　　されること。
（2）子ども・若者が自分らしく成長できるように、それぞれの状況に応
　　　じた切れ目のない支援を受けられる環境を整えること。
（3）子ども・若者による意見の表明及びまちづくりへの参画の機会が保
　　　障されること。
（4）子ども・若者を含め、さまざまな主体が相互に協力し、及び支援す
　　　る関係を築くこと。
　この基本理念が、子ども・若者の権利、これらを具体化する制度や仕組み、
環境の整備や機会の保障などにつながっていく。
　子ども・若者の権利については、次の諸権利を規定している。
（1）生きる権利、育つ権利、守られる権利、抱える困難に応じて必要な
　　　支援を受ける権利
（2）社会の一員として、意見を表明し、暮らしやすいまちの実現に向け
　　　て参画する権利
（3）結果にとらわれず、自らの意思で挑戦し、その挑戦を後押しされな
　　　がら成長する権利
　子どもの権利条約で定める子どもの権利は、対象は 18 歳までの子どもで
あり、この条例では、若者も権利の主体に位置づけられている。子どもの権
利条約で規定されているのは、生きる権利、育つ権利、守られる権利、意見
を表明できる権利であるが、この条例では、それに加えて、
　・抱える困難に応じて必要な支援を受ける権利
　・暮らしやすいまちの実現に向けて参画する権利
　・結果にとらわれず、自らの意思で挑戦し、その挑戦を後押しされながら
　　成長する権利
も規定した。
　これらは、子ども・若者が置かれている今日的な状況を踏まえ、自己肯定

感や自己有用感を持ち、自信をもって暮らせるようにするために必要な権利である。

資料Ⅱ－30　多摩市子ども・若者の権利を保障し支援と活躍を推進する条例

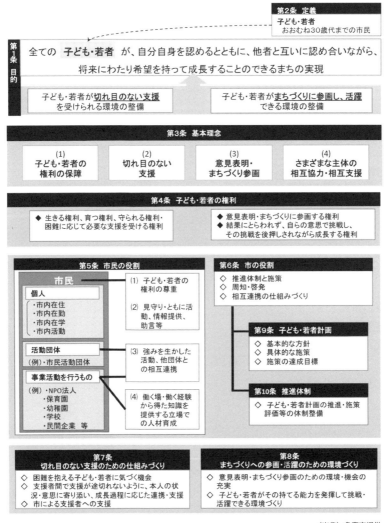

（出典）多摩市提供

そして、この政策理念を実現する仕組みとして、次の事項が条例で規定されている。

　　・切れ目のない支援を受けられる環境の整備
　　・意見表明・まちづくり参画機会の保障
　　・子ども・若者を含め、様々な主体による相互協力・支援の関係の構築
　　・子ども・若者計画の策定やその推進、施策の評価等を行う推進体制の整備

　この条例は、子ども・若者の自己形成・人格的自立、経済的自立、社会的自立までを射程とする総合条例であるが、若者参画は、この条例の中核的な位置を占めている。

ウ．自立する若者会議

・多摩市若者会議

　多摩市の子ども・若者の権利を保障し支援と活躍を推進する条例の制定に先立つ取り組み（政策事実）に当たるのが、多摩市若者会議である。

　多摩市若者会議のスタートは、多摩市役所の呼びかけで始まっている（2017 年）。多摩市まち・ひと・しごと創生総合戦略に「若者の視点を活かしたまちづくりの推進」が規定されたのを契機に、その実現方法の1つとして企画された。若者にとって「住んでみたい、訪れてみたい」多摩市となるため、若者に「アイディアを出してもらい、さらに若者自身に実践してもらう」ことを基本に、事業が組み立てられた。2017 年度は市長にアイディアを提言し、2018 年度からはアイディアの実現に向けて取り組んだ。

　若者会議の多くは、行政にアイディアを出すだけで終わってしまうが、それにとどまらず、若者の発意による事業を若者自身が実践するという当事者性を基本にしている点が参考になる。その具体化になるのが、次に述べる未知カフェである。

　多摩市若者会議のメンバーは流動的であるが、現在は 20 人程度のコアメンバーがいる。メンバーの資格は、年齢は 39 歳まで、市内在住に限定せず、

在学・在勤、さらには多摩市のまちづくりに関心があればメンバーになれる。構成は大学生と社会人が半々程度である。

　なお、若者会議の企画、運営に当たって、行政側が配慮したのは次の点である。

　　・いかにして若者会議メンバーのモチベーションを保つか

　　・一部のメンバーだけで決めていると思われないようにするか

　　・行政の手を離れても若者がまちづくりに関われるよう軌道に乗せるか

　この視点は、若者会議を検討、設置しようと考えている自治体も参考にしてほしい。

・若者の拠点「未知カフェ」

　多摩市若者会議からアイディアが出され、その具体化となるのが、「未知カフェ（MichiCafe）TAMA -Revival-（ミチカフェ タマリバイバル）」である。多摩市若者会議のカフェ＆街づくり交流拠点である。

　名称の「未知カフェ」には、未知との出会い、そのワクワク感への期待を込められ、また「TAMA REVIVAL」には、多摩と溜まり場、その復活・再生の場として、さまざまな世代の人が溜まり、交流し、新たなものを生み出していく、そんな願いが込められている。

　未知カフェは、ビルの地下を活かしたサードスペースとしての店づくりで、この店舗スペースの改装や内装整備費用は、クラウドファンディングで調達した（215万6,000円）。内装も可能な限り DIY で行っている。

　未知カフェには、3つの機能がある。

● Meeting Space：Meeting Space では若者会議メンバーが提言や新しいアイディアを練り実行していく場となることに加え、市民にも開放されている。

● Cafe：Cafe ではコーヒー等の軽飲食を提供するだけでなく、コミュニティスペース利用者が自由に食材を持ちより調理ができる仕様となっている。

● Free Space：Free Space では自然と人が集まりコミュニケーションが発生する場を提供する。内装は、「若者が行きたくなる」「人々が訪れたくなる」デザインを意識して仕上げている。

資料Ⅱ－31　未知カフェ（MichiCafe）

（出典）MichiCafe ホームページ

・合同会社 MichiLab

　多摩市の若者会議は、多摩市の事業として始まったが、その事業終了によって若者会議の活動を終了させることなく継続・発展させるために、若者会議の有志メンバーは、中核となる会社を設立した（2020年4月）。「合同会社MichiLab」で、資本金100万円は、有志7人が出資した。多摩市との協力関係を維持しつつ、若者の地域参画を促進する「場」づくり、地域活性化を目指す会社である。

　MichiLab の意思決定は、多摩市若者会議の月例コアメンバー会議が行う。MichiLab の主な運営事業は、

　　・多摩市若者会議の運営
　　・まちづくり交流拠点「MichiCafe」の運営
　　・コミュニティ形成支援

である。

　また MichiLab は、コミュニティ形成支援活動の一環として、多摩市から「（仮称）地域委員会構想」の中間支援業務を受託している。（仮称）地域委員会構想とは、共働き世帯の増加や定年延長などで、地域で活動する市民が少なくなっているなかで、より多くの市民が、地域の活動に参加できる仕組みとして構想されたものである。そのモデルエリア（諏訪中学校学区・2020 年から、青陵中学校学区・2021 年から）において、MichiLab は、地域ニーズ・資源の調査、新たな人材の発掘や参画の場づくりに取り組んでいる。

資料Ⅱ－32　法人化後の多摩市若者会議の運営組織

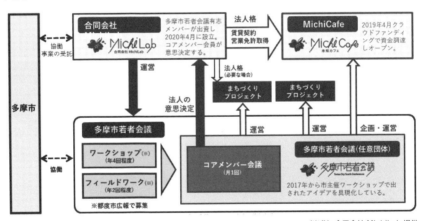

（出典）合同会社 MichiLab 提供

┆(5) 福井県鯖江市・シティセールス効果

ア．福井県鯖江市
・匠の技と進取の気風に富んだまち

福井県鯖江市は、福井県のほぼ中央に位置し、北は福井市、南は越前市に隣接する人口 69,400 人（2022 年 1 月 1 日現在）のまちである。

　鯖江市といえば眼鏡と言われるくらいのブランド価値を誇り、眼鏡のシェアは日本一を誇る。そのほか、越前漆器、繊維も国内有数の地場産業となっている。近年では、眼鏡で培ったチタンの微細加工技術を活かした医療やウェアラブル情報端末（服や腕など身に着けたまま使える端末）などの新産業創造にも取り組んでいる。匠の技を背景にした産業技術都市ともいえる。

　またオープンデータ活用を全国の自治体に先駆けて着手するなど、進取の気性に富んだ自治体でもあり、それが若者参画・活躍政策を果敢に採用する背景にもなっている。

　人口は、2007 年以降、今日まで微増傾向が続いている。人口ビジョンでは、鯖江市の人口は、2015 年以降には減少すると見込まれていたが、実際には、大きく上振れしたことになる。働く場の着実な充実とともに、「若者が住みたくなる・住み続けたくなるまち」のための数々の施策が、実践されている成果といえる。財政力指数は、0.68 である（2019 年度）。

・年齢階級別の人口移動数

　5 歳ごとの年齢階級別の純移動数は、15 ～ 19 歳の年齢階層が、大幅な転出超過（社会減）となっている。これは大学・短大等の進学時や卒業後の就職時に、東京圏をはじめとした県外に転出する若者が多いことが背景にあると考えられる。逆に、20 ～ 24 歳及び 25 ～ 29 歳の年齢階層が、大きく転入超過（社会増）となっている。働く場があるという点が、大きな理由であると思われる。

　ここから見えてくる重点施策は、①次世代のまちづくり参加の促進、②新たな視点や感性によるまちづくりの推進、③まちづくりに関心を持つ若者の人材育成、④将来の移住定住促進及び関係人口の育成である。

資料Ⅱ－33　鯖江市人口移動数（2010年から2015年）

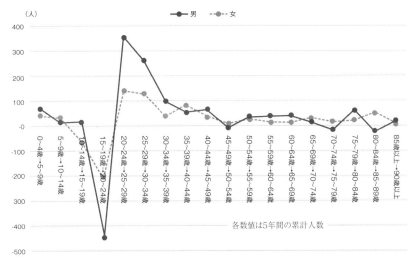

（出典）鯖江市まち・ひと・しごと創生総合戦略

イ．JK課

・鯖江市役所 JK課

　鯖江市のまちづくり活動を一気に有名にしたのが、2014年4月に誕生したJK課である。JK課は、鯖江市在住または鯖江市内の高校に通う現役の女子（J）高校生（K）をメンバーとするまちづくりプロジェクトである（メンバーは延べで100人を超えている）。課を名乗っているが、正規の行政組織ではなく、市民協働プロジェクトである。

　人口移動で見たように、鯖江市の若者は、高校を卒業すると多くが県外に流出する。女性の流出も少なくない。日ごろは、まちづくりへの関心が乏しく、行政から最も遠い存在である女子高校生メンバーによるまちづくりチームをつくり、自らが企画した地域活動を実践することを通して、若者が、地域やまちづくりに積極的に参画していくための新たな市民協働モデルといえる。

　JK課の活動内容をみると、意外にも地道なものが多い。若者も多数参加

する楽しい清掃ボランティア「ピカピカプラン」、図書館の勉強スペースの空き情報がネットで閲覧できるアプリ「Sabota」の開発などである。

　女子高生たちの活動は大人たちを刺激し、JK課に続き、2014年6月には、OC（おばちゃん）課も結成された。

資料Ⅱ－34　ＪＫ課

（出典）鯖江市ホームページ

・市民主役条例

　このＪＫ課は、唐突に提案されたものではなく、この活動のベースには、鯖江市民主役条例（2010年）がある点が重要である。

　市民主役条例第2条の基本理念は、

- ・まちづくりの主役は市民であること。その思いを共有し、責任と自覚を持って積極的にまちづくりを進める
- ・まちづくりの基本は人づくりであることから、それぞれの経験と知識をいかし、共に学び、教え合う
- ・自らが暮らすまちのまちづくり活動に興味、関心を持ち、交流や情報交換を進めることで、お互いに理解を深め、協力し合う

としている。ＪＫ課の活動も、この基本理念の具体化といえる。

・シティプロモーション機能

　ＪＫ課の主な活動内容は、地道なものであるが、ＪＫ課の存在そのものが、

鯖江市のシティプロモーションに大いに寄与している。

　2015 年度には、ＪＫ課は、総務省所管のふるさとづくり大賞の総務大臣賞を受賞している。2018 年度の国土交通所管の全国地域づくり表彰では、最高賞に次ぐ全国地域づくり推進協議会会長賞を受賞している。

　受賞理由としては、

- ・高校生を地域と結びつける取り組みとして秀逸。若い世代が地域との関わりを持つことは、Ｕターンとも深く関わっており、ローカルプライドの涵養の面から見ても重要である
- ・この手の取り組みは、一見不謹慎なため、行政としては避けて通りたいところだが、敢えて取り組んだ点は立派。JK → OC というストーリーも話題性を備えている

など、女子高校生とまちづくりを結び付けることによる話題性やＰＲ効果の高さが、評価されている。

　参加した女子高校生が卒業後も地域に残り、まちづくりの分野で活躍するという成果もあげている。

（6）若者参画を進めるまち（金沢市・遊佐町）

　若者参画のまちづくりを行っている自治体の例を紹介しよう。

・石川県金沢市・学生を取り込むまちづくり

　金沢市は、学生のまちである。金沢市及び近郊には、18 の大学・短大・高等専門学校があり、人口 10 万人に占める高等教育機関数（大学、短大等）は、全国 1 位、人口 1,000 人に占める学生数は、京都府、東京都、大阪府に次いで全国第 4 位である（金沢市ホームページ）。

　この学生のまちとしての伝統と誇りを継承発展させ、金沢のまちの強みを活かす取り組みが、「学生のまち・金沢」である。学生と市民との相互交流、

学生が金沢のまちとの関係を深めることで、にぎわいと活力をあるまちづくりを目指すものである。

　金沢市では、この学生のまち・金沢事業の継続性を担保するために、条例（学生のまちの推進に関する条例）も制定している。

　学生のまち・金沢を進める施策には次のようなものがある。

（1）金沢まちづくり学生会議……学生のまち・金沢の推進母体となる学生組織で、地元商店街等と協働で「まちなか学生まつり」などを開催し、金沢の中心市街地の活性化に取り組んでいる。

（2）金沢学生のまち市民交流館……学生と市民との交流、活動拠点として、金沢市指定保存建造物である金澤町屋を改修した交流館である。人材育成を図るための研修会や講座の企画運営、実施も行っている。

（3）学生サポーター企業登録制度…学生のまち・金沢を支援する企業を募り、企業による支援体制の構築と学生と企業との相互交流の機会を広げている。

（4）学生のまちなか居住・地域活動奨励金制度……高等教育機関に通う学生に対し、まちなか居住及び地域活動等への参加を促進するため、特定の要件を満たした場合に奨励金を交付する。

資料Ⅱ－35　金沢学生のまち市民交流館

（出典）金沢市観光協会ホームページ

・山形県遊佐町・少年町長・少年議員

　山形県遊佐町では、2003年から遊佐町少年町長・少年議員公選事業を実施している。遊佐町に在住する中高生と在学する高校生が有権者となり、有権者のうちから立候補した者から、少年町長1名、少年議員10名を投票で選ぶ制度である（遊佐町の若者が通う酒田市の高校でも投票を実施する）。

　少年町長・議員の立候補者は、自らの政策を掲げて選挙に臨むが、有権者は、少年議会が実施するアンケートに対し、意見・要望を提出することができる。

　少年議会は、少年町長が招集権を持っており、年3回開催される。少年議会には、遊佐町の町長や副町長、各課長、教育長などが出席し、答弁を行う。また、正式議会のほか、中高生の少年議員だけで行われる全員協議会が開催される。

資料Ⅱ-36　少年議会の様子

（出典）遊佐町ホームページ

　遊佐町の少年議会と議場を使って行われるイベント型若者議会との違いは、少年議員の選挙を実際に行い、少年議員に政策予算（45万円）が付与されている点である。言いっ放しにするのではなく、若者自身が実際に事業を企画し、執行する。

　事業テーマは、中高生有権者に行ったアンケートを基に、少年議会で企画、

決定する。第1期の少年議会が行った「ゆざミュージックフェスティバル」の提案は、その後、少年議会の主催事業として、継続されて開催されるようになった。

　少年町長・少年議会は、以上のような独自予算のほか、町への提言も行い、この場合は、町の各課が予算化する。通学路への街灯（防犯灯）設置や防災対策（避難路、看板、避難所）の強化など地道なものから、町のイメージアップキャラクター「米（べえ）〜ちゃん」や遊佐町の特産品パプリカの「レシピ集」の制作などの成果がある。

　行政側の補助役として、少年議会プロジェクト会議がある。これは少年町長、少年議会をサポートする組織で、選挙管理委員会、議会事務局、企画課企画係、教育委員会の職員で組織される。学校を訪問して立候補者募集など、少年議会を実質的に支える役割も果たしている。

4 政策決定のメカニズムを知り、使いこなす——リーダーシップとタイミング

（1）政策の窓モデル

　政策決定では、数多くの理論モデルが示されているが、政策の窓モデルが、私の実体験に最もフィットする。

・これまでの政策決定は増分主義

　増分主義とは、次の政策を過去の政策の延長線で考えるものである。戦後日本の右肩上がり経済を背景とした政策展開がその代表例である。自治体職員にとっては、予算編成において、前年度予算を基準にどれだけ上積みするかを考えていく方式が増分主義で、親しみがあるやり方だろう。

　増分主義は、次の理由から、現実性が高いモデルとされる。

・政策決定者は、あらゆる代替案、その便益、費用等をすべて検討するだけの時間・情報・能力を持っていない

・新しい政策は、不確実性やリスクが高い（増分モデルは安定性や正当性が高い）

・増分主義は既得権を尊重し、廃止等の選択を回避できるため政治的にも受入れやすい

・社会的目標や価値について明確な合意形成は困難である

　他方、先行例がない新しい政策の場合は、増分主義は通用しない。若者参画政策のような新しい政策は、増分主義からは、生まれてこない。

・政策の窓モデルから説明すると

　政策の窓モデルは、Ｊ・Ｗ・キングダン（Kingdon）によって提示された政策決定論である。

キングダンは、アジェンダ（政策課題）設定過程を問題、政策、政治という３つの流れで整理している。

　①問題の流れとは、いくつかの政策問題の中から、ある特定の課題が注目され、アジェンダとして関心を集めていく過程である。統計資料など社会指標の変化、事件や事故などの注目が集まる出来事、政策の評価結果などによって、問題として認識される。

　若者参画政策では、次のような項目が該当する。

　統計資料など社会指標の変化としては、人口減少や高齢化、出生数等の社会指標の変化を背景に、若者数の減少、若者の投票率の低下、公共活動への若者参加比率の停滞等がある。

　事件や事故などの注目が集まる出来事（focusing　events）では、18歳選挙権の導入などが当たるだろう。シルバーデモクラシーをめぐる諸問題や、地方創生で若者が注目されるようになったこともこれに含まれる。

　政策の評価結果（feedback）では、相模原市南区の若者参画政策は、７つの地区の課題評価から生まれてきた。

　②政策の流れは、いくつかのアイディアの中から特定のアイディアが政策案として提案される過程である。実現可能性を有し、政策コミュニティの理念・価値と合致するアイディア・政策案が残っていく。本書は、この点を重点的に論じている。

　③政治の流れは、さまざまなアクターの影響によって、特定のアイディアが政策として位置づけられる過程である。世論の動向、選挙とその結果、利益団体による圧力、官僚機構や委員会のセクショナリズムなどが影響を与えるとされる。政治や社会を覆うムードや世論も大きな影響力を持っている。現時点では、この点が一番の課題である。首長の問題意識、センスが問われるからである。本書では、新城市のケースを紹介している。

　これら３つの流れが合流するとき、つまり

　（１）政策立案者に取り組むべき政策課題として認識され

（２）実現可能性や価値観に合致した政策アイディアが練られ、利用可能
　　な状態にあり

（３）政治的に好機なとき

という条件を満たすとき、政策の窓が開かれるということになる。

・政策課題の性質

　政策の窓モデルでは、そのテーマが政策立案者にとって、取り組むべき政策課題として認識されることが必要である。ここが第一の関門である。

　政策課題は、課題発見の視点により、顕在型政策課題と潜在型（掘り起こし型）政策課題の２種類に大別される。

（ア）顕在型政策課題

　政策課題として、すでに顕在化しているものである。目の前の課題に対して、自治体は何らかの対応をせざるを得ない（対応に対する理解が得られやすい）。

　空き家問題でいえば、空き家が急増し、そこから、保安上、衛生上、治安上、景観上、地域力等のさまざまな問題が発生している場合である。

（イ）潜在型政策課題

　政策課題としては、顕在化しておらず、多くの人が対応の必要性に気づいていない課題である。

　この課題では、意識的に掘り起こさないと政策課題にならない。また気がついたとしても、潜在的であるがゆえに、政策課題として設定することが難しい。理解が得られにくく、後回しにされがちである。若者参画政策は、これに当たる。

　首長や自治体職員の政策課題の認識力、それを政策課題として設定する力が問われることになる。

・鋭敏な問題発見力

　政策課題は、制度と現実のギャップのなかから発見されるが、政策の窓モデルでは、その端緒を事件や事故、社会指標の変化、政策の評価結果などに

求めている。

　事件・事故があれば、そこから新たな政策課題を発見するのは容易であるが、事件・事故、市民の苦情にもならないものもある。若者参画政策もそのひとつで、この政策立案にまつわる事件・事故が起こったわけでもないし、市民からの苦情があったわけでもない。

　少子化、超高齢化という社会指標のなかから、若者の当事者性や活躍の必要性を感じ取り、他方、現状は、若者の出番を認める制度がほとんどなく、それが若者のやる気を削ぎ、ひいては社会の持続可能性にも大きな影響を与えると考え、そのギャップを埋めるため、若者を真正面からとらえた政策が必要であることに気づく、そうした鋭敏な問題発見力が求められる。

・鋭敏な問題発見能力を磨くヒント

　若者参画政策を政策課題として発見することを助ける基本理論が、新しい公共論と協働論である。

　これまでの行政の税金による一元的なサービス提供では市民ニーズを満たさなくなっている。新しい公共論は自治会・町内会、ＮＰＯなどの民間セクターなど、多元的な公共主体による多様なサービス提供によって、豊かな社会を実現していこうという考え方である。

資料Ⅱ－37　新しい公共論

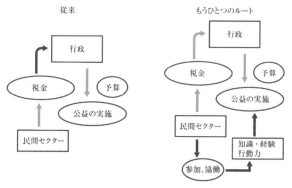

（出典）筆者作成

　協働は、新しい公共論を具体化するパラダイムで、「協力して働く」という狭い概念ではなく、「自治体とともに市民、自治会・町内会、ＮＰＯ等が、公共を担う」という考え方である。ともに公共を担っているから協働である。そこから、一緒にやる協働と一緒にやらない協働に分類できる（協働の本質については、拙著『協働が変える役所の仕事・自治の未来—市民が存分に力を発揮する社会』（萌書房・2009 年）を参照）。つまり、協働とは、これら民間の知識、経験、行動力といった市民パワーを社会的なエネルギーに変えて、公共サービスを実現していくことである。

　そこから逆転して考えると、「力を出していないのは誰か」という問題になる。若者は、公共の担い手として力を出しているのか。出していないではないか。大いに力を出せるようにしようというのが、若者参画政策である。

・着実な政策展開力・実践者と連携する力

　政策の窓モデルでは、実現可能性や価値観に合致した政策アイディアが練られ、利用可能な状態にあることが、政策の窓が開く条件となる。若者参画政策では、実際にそれに応えてくれる若者がいること、職員が、それを事業に落とし込める力や自信を持っていることが必要になる。

　人口減少、少子超高齢化がリアルさを増すなか、未来を背負う若者が、公共の政策主体とならないのは不合理であり、自治体は若者問題を正面から見据え、その政策化に取り組むべきであるという話は、誰にでも理解できる話である。しかし、これを政策として落とし込めるだけの人的・組織的な準備、高齢者や議員を含めた関係者の合意可能性が展望できるかどうか、要するに、政策の流れをつくることができなければ、政策として展開することはできない。

　しかも、政策の窓モデルによると、政策の窓が開いている時間が短いので、限られた時間のなかで、政策化の可否判断が求められる。ということは、事前に政策アイディアを利用可能な状態で準備しているかどうかで決まってくる。その意味では、市長が、いくら旗を振っても、それを実践する市民や仕

事として具体化する職員の理解・支持・協力・実行等がなければ現実の事業になっていかないということである。

　本書で取り上げている各自治体の若者参画政策では、本気で政策づくりや活動に取り組む若者集団が生まれていて、その若者たちと伴走しながら、施策・事業につなげていく職員集団がいたということである。

　自治体職員は、こうした若者参画政策の実践者・実行者（若者・市民）と連携する力を磨く必要があるということでもある。

・政治的なタイミングをとらえる力

　政策の窓モデルでは、政策変化の契機となるような政治的変化が生まれ、障害となる諸制約が存在しないことが肝要ということになる。政治的な好機をとらえることが重要である。

　その際、政策の受益者である市民の社会的な受容性（世論や社会の動向、雰囲気、時代へのマッチ）、市長が置かれている政治状況（議会との関係、選挙事情）がポイントである。

　政策変化の契機になるのは、選挙である。新城市で若者参画政策が採用された直接的な契機は、2013年11月の市長選挙において、穂積亮次新城市長の第3期マニフェストで「若者政策」が打ち出されたことに由来する。候補者は、当選を目指して活動することになるので、絶好のタイミングとなる。多摩市や富田林市では、選挙後の市長の所信表明で、若者参画の条例づくりが、宣言されている。

　若者参画政策は、アジェンダ設定が難しいとされるが、高齢者等に配慮しつつ、若者参画政策の意義や必要性について、夢をもって分かりやすく語れば、理解を得られると思う。

⸝⸍(2) 政策決定者にとっての若者参画政策

　弱い政策立案動機を乗り越えるには、政策決定者の置かれた位置や行動原理を踏まえた対応が必要である。

・圧倒的なアクター

　政策形成への影響力に関する調査をみると、いずれも首長（市長）の影響力が大きい。

　リサイクル条例の制定にあたり、行政内部の諸アクターは、どの程度の影響力を与えたかに関する調査（松下啓一「リサイクル政策の形成過程に関する研究―政策はどのように作られていくのか」横浜市立大学経済研究所紀要第175号1998年）では、影響力の第1位にあげられたのは、首長（47.6％）である。

資料Ⅱ－38　政策形成の影響力（リサイクル条例・第1位、第2位の計）

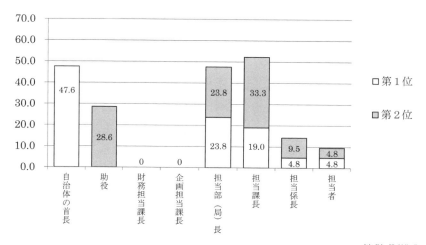

（出典）筆者作成

第１位と第２位をあわせた計では、担当課長（52.3％）→首長（47.6%）・局部長（47.6%）が、上位を占めている。

　首長（市長）が強いイニシアティブを発揮する理由としては、リサイクルは、市民生活に密接な関係があり、市民の関心や要望が強いテーマであることから、市民の選挙で選ばれる首長としては、必然的に関心を寄せること、また、首長は、職員に対する人事権や組織権、財政権をもつが、これが首長の強い影響力を裏打ちしていると考えられる。

　とりわけ職員からみると、昇進や異動などの人事権を市町村長がもっている意味は大きい。もちろん、首長がすべての人事をきめるわけではないが、担当者は係長を、係長は課長を、課長は部長を、部長は市町村長を見ながら仕事をするので、その結果、人事権における市町村長の強さは圧倒的になる。

・担当者の頑張り

　同時に注目すべきは、第１位と第２位の計で最も影響力が強いのが担当課長である点である。先行研究（地方自治研究資料センター『自治体における政策形成の政治行政力学』1979年）でも、政策形成に官僚の影響力が大きい市においては、課長のリーダーシップが強いとされているが、この調査でも、課長のリーダーシップが目立つ結果となっている。仕事の基本単位は課であることの表れである。

　ということは、担当者レベルで、問題意識を持ち、政策決定のメカニズムを理解したうえで、適切にトップに働きかければ、政策課題として設定されていく可能性が高いということである。

・市長の動機・行動原理

　民主主義国家における政治家の行動原理は、次の選挙で当選することであるというのが、政治学の基本である。むろん、政治家になろうと考えた動機の一つに、自ら考える理想を実現することがあるかもしれないが、落選すれば、理想とする政策の実現も困難になるから、まずは当選というのはよく分かる話である。

　その行動原理の背景にあるのが、任期制と人気性である。市長は、終身雇用ではなく、４年に一度の選挙で選ばれるという任期制であるために、再選のために活動するというのは、合理的な行動だからである。

　また、選挙は、多くの評価を受けた者が当選するという人気性という性質も持つ。したがって、市民の関心はどこにあるのか、市民は何に注目しているのかを常に考え、行動することも合理的といえよう。

　デイヴィッド・メイヒュー（David R. Mayhew）は、議員に関してではあるが、再選のための活動として、（1）宣伝（advertisement）、（2）業績誇示（credit-claiming）、（3）立場表明（position-taking）をあげている（『アメリカ連邦議会―選挙とのつながりで』（岡山裕訳・勁草書房・2013年）。たしかに、これらは、人気の確保には有効な活動といえる。

・選挙に強い市長ほど取り組みやすい

　再選されるにはどうしたらよいのか。市長の場合は、一人だけ選ばれる大統領であるから、市民全体から幅広く支持を得なくてはならない。そこから、市民全体の関心が強い政策へ傾くのは合理的判断といえる。

　一般に、若者参画政策は、「票になりにくい政策」だといわれている。シルバーデモクラシーとの対比で、若者は集票基盤としては貧弱である。合理的選択論からいえば、あえて公約に掲げる動機付けが弱い政策といえる。

　ここからいえるのは、再選という活動目標から考えると、選挙に弱い首長ほど、再選動機を強く持ち、したがって、票になりやすい政策には注力するが、票になりにくい政策へは、関心を示さないということになる。

　この論によると、選挙に弱い市長は、若者参画政策は積極的に採用しないということになる。実際、私は、さまざまな市長にお会いするたびに、自治体の政策として、若者政策に体系的・制度的に取り組むべきと訴えたが、多くの市長が、「そうですね」と、あいまいに答えるだけだった。そのなかで、唯一「私もそう思う」として、若者参画政策をマニフェストの第一に挙げたのは、新城市の穂積市長だった。

逆にいえば、選挙に強い市長ならば、再選動機に拘束されることが少ないから、票になりにくい若者参画政策でも、積極的に公約に掲げるということになる（2013年の新城市長選挙において、穂積市長は、マニフェストの第一に若者参画政策を掲げたが、対立候補から900票までに迫られる大接戦となった。ただし、これは若者参画政策が原因ではなく、新庁舎問題が主な要因である）。

・新規参入のしやすい政策

若者参画政策は、新しい政策であるため、閉鎖的な政策コミュニティ（policy community）は形成されておらず、外部から新規参入しやすい政策領域である。

内容的にも、高度の専門性や技術性が要求されず、一人ひとりの体験や経験が使える政策であるため、政策課題として取り組むことも比較的容易である。

また、定住化や高学歴化の進展で、部分的利益ではない、公共性の高い政策に関心を持つ市民も増えている。若者参画というテーマは、人としての温かさ、優しさ、開明性、先進性等を感じさせる政策イメージがあるので、市民からは歓迎される政策といえる。再選のための活動は、（1）宣伝（advertisement）、（2）業績誇示（credit-claiming）、（3）立場表明（position-taking）とされるが、この点からみても、有効な政策といえる。早晩、政策としての若者参画に注目が集まると思われるが、そのときには、いわば一種のブームとなって、若者参画政策に取り組む自治体が急増する可能性もあるといえよう。

・全国初・県内初の政策

国の法制度は、常に後追いになる。なぜならば、国は全国が対象だからである。いわば護送船団方式で、歩みの遅い船に引きずられることになってしまう。

そこで、全員が揃うまでとても待ってはいられないと考えた自治体が、切

羽詰まって、新しい政策づくりに挑むことになる。その新たな政策が、護送船団のスピードアップに寄与し、護送船団方式に変わる新方式に切り替えるきっかけとなれば、これが全国初の政策となる。

　国や他自治体が切り開けなかった政策課題を乗り越える新しい政策を国や他自治体に先駆けて策定すれば、自治体内部だけでなく、市民の意気も上がる。若者参画政策は、全国でも試行が始まったばかりであり、まだまだ開発の余地がある。そのなかで体系的な若者参画政策を提案すれば、地方ブロック初や県内初といった栄誉も得ることができる。

（3）政策のタイミングを押さえる

弱い政策立案動機を乗り越えるには、タイミングが肝要である。

・選挙サイクル

　米国大統領の選挙サイクル（大統領選挙の年には市民・企業への分配法案が著しく上昇し、他方、規制法案はそれ以外の年にピークを迎える）と同様に、自治体にも選挙サイクルがある。

　たとえば公共料金の値上げのような市民に直接負担を課す政策は、首長選挙や議員選挙の年やその前年は外され、選挙の中間年に集中し、逆に首長や議員の得点になるような政策は、選挙の年や前年に集中する。

　これは首長や議員は何のために活動するのかという問題と密接に関係する。首長や議員は、第一義的には再選されるために活動するから、政策条例の立案に当たっては、選挙サイクルは、配慮すべき重要な要素である。

　若者参画政策は、市民に受け入れられる政策であるので、選挙の前年か当年に提案されやすい（多摩市の子ども・若者の権利を保障し支援と活躍を推進する条例は、選挙年の前年から検討委員会による検討が始まり、選挙月の４か月前に条例が制定された）。

・総合計画サイクル

総合計画をつくる目的は、次のような点である。

・総合的な観点からの政策の体系化を図る

・自治体経営の将来見通しを明らかにする

・市民へ行政活動の説明をする

・限られた行政資源の効率性や有効性を重視した行財政運営を行う

自治体における総合計画の位置づけは高く、ここに今後実施予定の施策や事務事業として載せられると、正式に認知されたことになり、執行機関は着実に実施する責務が課せられたことになる。

総合計画の構造については、『市町村計画策定方法研究報告』（財団法人国土計画協会・1966年）において、総合計画のモデルが提示されて以来、基本構想－基本計画－実施計画の三層構造がモデルとされてきた。約9割の市町村が、この三層構造型を採用しているとされる。

三層構造の計画期間についても、自治体ごとに違いがあるが、基本構想10年（前期、後期の5年で区分）、基本計画5年、実施計画3年（毎年度 ローリング方式）とするものが多い。

若者参画政策についても、基本計画及び実施計画の改定時期が、ひとつのチャンスであり、このタイミングを見逃さずに、周到に準備していく必要がある。

・人事異動サイクル

一般に公務員は、ほぼ3年前後で異動する。これは癒着を防ぎ、ジェネラリストをつくることがねらいである。人事異動は新たな政策を行うチャンスとなる。新たな部長が着任したときがチャンスである。私も横浜市の管理職時代は、2、3年ごとに移動したが、心機一転、新たな職場で、新しいことに挑戦してみたいといつも思っていた。その思いに働きかければ、若者参画政策のような新しい政策が開花する場合がある。

逆に、人事異動によって、これまでの熱量が引き継がれず、政策検討がトー

ンダウンする心配もある。消極的・後向きの部課長が来れば、一気に風向き
が変わることがある。担当者の変更でも同じことが起こる。それまでの経過
が引き継がれず、せっかく収集した情報が散逸し、関係者との信頼関係もう
まく引き継げない。

　組織で仕事をするはずであるが、仕事は人が行うというのも一つの現実で
ある。

　そこで、この人事異動サイクルを頭に入れながら、新たな政策立案、政策
推進のタイミングを図ってほしい。

・予算サイクル

　政策と予算は、切り離せない不可分の関係にある。

　政策の検討開始に当たり、調査や検討のための経費が必要になるし、政策
ができあがれば、早速、施行の準備・ＰＲの経費が必要になる。本格施行が
始まれば、政策実施のための予算が必要になる。

　自治体の予算は、単年度会計主義のもと、４月から翌年の３月までの１
年のサイクルで決定されるから、それぞれの時期で、行うべきことが決まっ
てくる。地方自治法第 211 条では、都道府県と政令指定都市は年度開始前
30 日以前に、他の市町村では 20 日以前に、翌年度予算案を地方議会に提
出しなければならないとされている。そこから逆算すると、遅くとも２月の
中旬ころには、市町村長の査定が終わっていなければならないことになる。
担当者の立場では、おおむね 10 月中旬ころまでには、各部局が予算要求書
を作成して、財政部門へ提出することになるから、結局、各課の政策担当者
としては、予算要求書作成前の８月から９月のはじめころまでには、予算を
頭に描きながら、若者参画政策の立案とその裏付けとなる予算を考えていく
ことになる。

Ⅲ

どこから手をつけてよいか、
そのプロセスがわからない

自治体の政策づくりでは、事実上のルールができている。
これを覚えれば、抵抗なく、新しい政策にも挑戦できる。

1
全体スケジュール

(1) 政策の意義

そもそも政策とは何か。その基本を押さえておこう。

・政策の定義

政策という言葉は、広く一般的に使われているが、その意味は必ずしも定まっているものではない。

国語的な意味では、政策とは、「政府・政党などの方策ないし施政の方針」（広辞苑第六版）とされ、方策・方針がキーワードになっている。

行政学者の定義では、「政府が、その環境諸条件またはその対象集団の行動に何らかの変更を加えようとする意図の下に、これに向けて働きかける活動の案」（西尾勝『行政学　新版』有斐閣・2001年・245～246頁）、「一般個人ないし集団が特定の価値を獲得・維持し、増大させるために意図する行動の案・方針・計画」（大森彌・日本政治学会編『政治学の基礎概念』岩波書店・1981年・130頁）が代表的なものである。

表現はさまざまであるが、要するに、政策とは、目標を実現し、現状を変えるための活動案ということになる。

・政策－施策－事務事業

政策を体系的にみると、政策－施策－事務事業という三層構造でとらえることができる。

この三層構造の最も上位に位置する「政策（狭義）」は、基本構想や基本目標を達成するための方針、方策である。これが本書のメインテーマである若者参画政策である。

　次に、中間に位置する「施策」は、こうした政策を具体化、実現していくための方法・手段である。本書では、若者参画の認知・周知、基盤・条件整備、推進、持続・継続の４つの施策で分類している（182〜191頁参照）。

　「事務事業」は、施策を達成するための具体的な方法・手段である。本書では、４つの施策のもと重要と考える事務事業を示している。これを逆にみると、事務事業の集合体が施策であり、施策の集合体が政策で、この全体をまとめたものが、広義の政策となる。

　政策をこのような体系で説明する意義は、政策は最終的には、具体的な施策や事務事業に下支えされているという点が重要で、逆にいえば、実体的な裏付けのない政策は、政策とはいえないということになる。こうした裏付けを積み上げる作業が政策づくりである。

資料Ⅲ−１　若者参画政策の体系

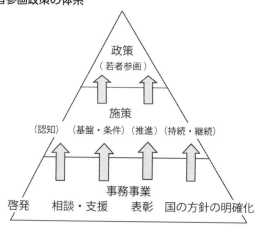

（出典）筆者作成

・よい政策とは

　政策は実現されてこそ意味がある。つまり政策をつくることによって問題が解決され、その結果、人が幸せに暮らせるようになることが重要である。

課題を解決しない政策は、作文という。

では、実現される政策の条件は何か。

第一に、内容がよいことである。内容がよいとは、政策内容が理想的でかつ具体的であること、そして、政策内容の実現が手段・手法等で具体的に裏打ちされていることである。

逆にいえば、理念、理想に走りすぎ、あるいは現状追認にとどまるものは、よい政策とはいえない。また、政策の実現手段が欠け、あるいは現実性がないものも、よい政策とはいえない。若者参画政策は、理想に走りがちなので、とりわけ具体的内容、具体的実現手段に注意すべきである。

第二に、手続きがよいことである。つまり、政策内容が一定の手順を踏んで慎重につくられていること、そして、そのプロセスが、市民に公開され、市民参加が担保されていることである。政策は社会的な問題を解決するためのものであるから、社会（市民）が理解し、納得してはじめて、その政策は尊重されるからである。若者参画政策では、策定過程の若者参画が特に重要になる。

・自治体の意思決定の特徴

政策の決定も、意思決定という点では、私たちが日常的に行なっているさまざまな選択（例えば、どこに旅行に行こうかという選択）と基本的には変わらない。他方、行政が行う政策決定は、組織の意思決定でもあり、市民の信託の上に成り立っている政府の決定であるから、個人の意思決定とは異なる点もある。

第一に、政策決定プロセスについては、事実上のルールができ上がっていることである。

現時点では、このルールを定めた条例等があるわけではないが、地方自治法や自治基本条例には、行政運営・活動の基本原則が定められている。また市民参加条例などによって、政策決定手続きへの市民参加は、デュープロセスとなった。自治体職員の行動を規定する法律（地方公務員法等）も、政策

の立案・決定プロセスに直接、間接の影響を与える、これに先例主義や事務の継続性、他都市との横並びといった事実上の理由も付加されて、事実上の政策決定プロセスができあがっている。このプロセスを踏まないと政策決定手続に事実上の瑕疵があることになってしまうことになる。

　第二に、自治体の政策決定には、組織の論理が働くことになる。組織の決定のため一定の手続き（稟議等）が必要であり、一定の時間も必要になる。

　組織を動かすために、時間的なタイミングもある。例えば、政策は予算要求という形で一般的には実現されるが、予算要求時期を逸すると翌年度に先延ばしになる。どんなにいい案もこのタイミングを逸すると、政策にならない。

　また、個人の意思決定ならば、自らの意思で中止・変更も容易であるが、組織の意思決定は、一度決定されると容易に変更や中止は難しい。それゆえ、政策決定プロセスを踏まえた周到な準備も必要になる。

　第三に、自治体の政策決定には、多くの利害関係者が関わる。その結果として、これら関係者の利害関係・力関係によって政策内容が、途中で変更される場合もある。現実には、理想どおりの政策が実現できない場合がある。

（2）政策決定までどのような展開をたどるか

　政策決定まで、どのような過程（展開）をたどるかを予測することができる。

・政策決定プロセス

　政策の制定手続は、Plan（計画）、Do（実行）、See（評価・見直し）のプロセスをたどるが、最初の Plan は、3段階の政策決定プロセスと適正プロセスで構成されている。

　政策決定プロセスは、政策主体が政策課題を発見して、決定するまでの過程であり、政策づくりの本筋の部分である。

この政策決定プロセスは、3つのステージに分かれている。①政策の創生→②政策の錬成→③政策の公定である。

政策の創生とは、政策課題を発見・認識し、政策課題のノミネートテストを行い、政策課題（アジェンダ）として設定するまでの段階である。

政策の錬成とは、達成目標を設定し、現状の実態や課題を調査・分析し、複数の施策メニューを検討して、施策メニューを選定（内定）するまでの段階である。この錬成段階が政策づくりのハイライトである。

政策が錬成されるまでには、2つの段階を経ていく。設計に例えると、①基本設計段階と②詳細設計段階である。基本設計で大枠・大綱が決められて、次にその細部の詳細設計に入るというわけである。

政策の公定とは、決定された政策を公表し、政策の公式審査を行なって、政策として決定する段階である。

・政策の適正化プロセス

第二が、政策の適正化プロセスというべきものである。政策主体が政策立案・決定していくプロセスと並行して、政策形成過程を公開し、市民参加を経るプロセスがある。これらは政策づくりそのものではないが、政策が正当性を獲得するためには不可欠なプロセスである。最近では、このプロセスが特に重要性を増してきている。

とりわけ重要な政策形成にあたっては、

　　・原案の公表と原案に対する一般市民、専門家、利害関係者などからの意見聴取

　　・寄せられた意見・これらへの対応の公表・回答義務

　　・必要に応じ、公聴会、討論会などの開催し、説明・対話・討論の機会の設定

等の手続きを経ることが標準ルールになっている。

この情報提供や市民参加の方法を定めているのが、自治基本条例や市民参加条例である。

　政策の種類や内容、時間的制約等によって、多少の違いはあるが、政策はこの2つのプロセスを経てつくられていく。逆にいえば、このプロセスを経てつくられた政策が、正当性を持っている。

資料Ⅲ-2　政策決定プロセス

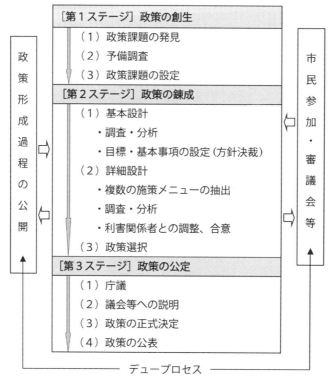

[第1ステージ] 政策の創生
　（1）政策課題の発見
　（2）予備調査
　（3）政策課題の設定

[第2ステージ] 政策の錬成
　（1）基本設計
　　・調査・分析
　　・目標・基本事項の設定（方針決裁）
　（2）詳細設計
　　・複数の施策メニューの抽出
　　・調査・分析
　　・利害関係者との調整、合意
　（3）政策選択

[第3ステージ] 政策の公定
　（1）庁議
　（2）議会等への説明
　（3）政策の正式決定
　（4）政策の公表

政策形成過程の公開

市民参加・審議会等

デュープロセス

（出典）筆者作成

・**政策の展開**

　政策類型によって、政策がどのような過程（展開）をたどるかを予測することができる。

　ロウィ（Theodore J. Lowi）は、政策が強制の可能性が高いか低いか、強

制が個人の行為に直接働くか、環境を介して間接的に働くかという2つの基準を採用して4つの政策類型を提示している。

　ロウィの政策類型論を発展させたもののひとつが、J．Q．ウイルソン（James Q. Wilson）の政策類型論である。ウィルソンは、提案する政策にかかる費用（負担）と政策によって享受する便益（利益）が、集中するか分散するかによって、4つの類型に分類した。分散した費用の例としては所得税、介護保険料、集中した費用は特定企業の負担金、課徴金、分散した便益は良好な治安、歩きやすい歩道、集中した便益は特定業種への補助金などである。

　この費用（集中・分散）と便益（集中・分散）で、4つの政策類型に分けることができる。
　（1）費用・便益とも分散している場合（多数派政治）
　（2）費用・便益とも集中している場合（利益集団政治）
　（3）費用が分散し、便益が集中している場合（顧客政治）
　（4）費用が集中し、便益が分散している場合（事業家政治）
　それぞれの類型ごとに、政策形成に関係する人や関係者の行動の強弱が違ってきて、それが、その後の政策の展開に影響を与える。

　この4類型の政策形成のうちで、政策づくりに最も困難が伴うのは、費用負担が特定者に集中し、便益を受ける者が広く分散している（4）の事業家政治である。なぜなら、負担が集中する特定負担者は、強い反対運動を展開するが、他方、受益者側は、受ける利益がわずかであるために、さほどの関心を持たず、政策実現に影響力を持つような運動を展開するのは難しいからである。

　若者参画政策は、（1）の多数派政治である。費用も便益も分散するタイプは、受寄者側も負担者側も、利害や関心が希薄であり、いずれのサイドからも圧力は生じない。黙っていては、政策として提案されることは少ない。それゆえ、この政策の制定を主導する政策起業家の活動や首長や議会の積極

的な問題提起が重要になってくる。逆にいえば、このタイプの政策は、一度提案されればほとんど抵抗を受けずに政策ができるということである。

（3）スケジュールをつくる

・施行時期から逆算する

　政策のスケジュールは、制定時からつくると思われているが、そうではない。政策制定後、施行開始時期から逆算してつくるのである。なぜならば、政策は、課題を解決し、暮らしやすいまちをつくるためのものだからである。

　政策の策定には、守るべき一定の政策形成ルールがある。ポイントとなるのは、次に述べる項目であるが、これら項目をきちんと踏まえてスケジュールをつくっておかないと、政策策定に手戻りが起こり、無用の混乱を呼ぶことになる。場合によっては、実効ある政策ができなくなる。この政策形成ルールから、スケジュールが規定されてくる。

・政策は、政策課題の設定、調査、内容の検討・調整、決定を経て、制度が実施されるという流れをたどる（政策決定プロセス）
・それぞれの段階で、予算（調査費、政策素案・原案設計費、開始・運営費）、企画、調査、検討、調整する組織・人員体制が必要となる。政策を実効あるものにするには、これらの確保は欠かせない（予算サイクル、人事異動サイクル）
・市長や議員の選挙は、とりわけ政策決定に当たって、重要な要素である（選挙サイクル）
・今日の政策の多くは、市民や関係者が当事者となって活動しないと政策内容が実現できない市民協働型の政策である。ということは、検討の最初から、市民や関係者を巻き込んでつくっていく。市民や関係者を入れた検討委員会の設置、市民の意見を聴くフォーラム等の開催である（政

策の適正プロセス）

・制定後、施行までには、実施体制の整備、関係機関・団体に対する説明、市民への広報等の期間も必要になる（政策実施プロセス）

以上から、どうしても一定の期間が必要になる。

・若者参画政策における時間のかけ方

　若者参画政策では、立法事実の認知、掘り起こしから始める必要がある。なぜ若者参画なのか、行政内部、市民とも、理解が十分ではないからである。まずは政策担当者自身が、自信を持って、若者参画政策の意義や必要性を語れなければ、立法事実の高い壁を乗り越えることはできない。

　若者参画政策は、行政だけではつくらず、当事者である若者、市民、それに有識者を加えた検討組織で検討していくことになるが、その検討メンバーである市民、有識者の多くが、若者を政策対象とすること自体に戸惑うし（子どもが政策対象ならば容易に理解できる）、政策の内容が、保護ではなく、参画・活躍という点も、なかなか理解が難しい（参画・活躍というと優等生的な若者をイメージしてしまい、特別感を持ってしまう）。したがって、若者参画の意義や必要性、先行事例の学び等から始めることになるから、ある程度の検討期間が必要になる。最低でも1年間の検討期間は必要になるだろう。

　他方、検討期間が長すぎても、間延びしてしまう。思いや関心を長期間、維持するのも困難であるから、密度ある検討も必要である。実際、勢いというのも大事である。

　両者の調和は、自治体ごとに状況を踏まえて、探っていくことになる。

・スケジュールに落とす

　これらを全体が俯瞰できるスケジュール表（私はA3判の書式）に落とし込む。これを関係者で共有しながら、進行管理をしていくことになる。

　ここに示した資料は、多摩市の子ども・若者の権利を保障し支援と活躍を推進する条例の制定スケジュールである。

　実際、そのときどきの事情、状況を加味し（この場合はコロナ禍）、微修正を加えながら、着実に実行していった。

資料Ⅲ－3　一覧できるスケジュール

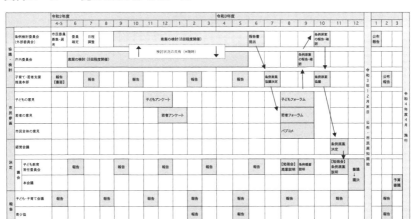

（出典）多摩市子ども・若者総合支援条例検討委員会資料

（4）スタート前が肝心

　政策づくりも段取り八分なので、事前準備をしっかりやっておこう。

・出来上がりイメージができるまで準備をする

　政策形成プロセスは、政策課題の設定からスタートするが、実際には、それ以前から始まっている。政策の概要や全体スケジュール等をスタート前までに大まかに想定しておく必要がある。この段階でのつめが甘いと、検討開始後まで響いてくる。

　スタート前に検討を行っておくべき事項は、次の諸点である。

　　・政策課題の現状・問題点

　　・基本理念・最終目標

・施策メニュー・実施手法

・これらを担える資源・権限

　これらを検討開始前にある程度、調査をしておき、成功イメージを持って、スタートすることが肝要となる。この点が不十分だと、回り道になり、実効性ある政策をつくることができなくなる。時には政策づくりが頓挫してしまうこともある。

　若者参画政策は、先行例が少ないので、この事前準備が特に肝要である。要するに、スタート前に十分マグマを蓄えて、スタートを切ることである。

・先行事例を咀嚼する

　仕事の基本は「参照と独自性」、言い換えると「追いつけ・追い越せ」であるから、まず、先行事例等をよく調査することである。先行事例は、安心の担保であるし、大まかな目標イメージを持つこともできる。しかし、先行事例だけでは、「参照」レベルの政策にとどまってしまう。先行事例から学べるのは、あくまでも仮説・ヒントである。

　それぞれの自治体で行うべきは、この仮説と自分のまちの状況を突合することである。そこから、自分のまちの政策が生まれてくる。それぞれの自治体の年齢階級別の人口移動数（率）は、若者参画を考える指標のひとつである。実際、すでにみたように、先行自治体ごとに若者参画政策の対象、内容は異なっている。

・相談できる相談相手をつくる

　政策の窓モデル（107頁参照）では、市長のように目に見える参加者と表面には出てこないが、その政策推進に大きな影響を与えた参加者の存在を指摘している。後者が政策起業家（Policy　Entrepreneurs）である。

　政策起業家とは、自らの支持する政策を推進するため、自らの資源（時間、エネルギー、財力、名声）を進んで投じる者である。外からは見えない参加者である政策起業家になる理由は、特定の問題についての率直な関心、参加することの喜び、経済的利益や称賛等の利己的利益の追求、政策価値の公共

性・社会性等が理由にあげられている。

　政策づくりにおける相談相手のひとりが、政策起業家である。

　①政策起業家は、問題の流れでは、首長や政策担当者が気づいていない課題を提案し、特定の問題に対する関心を深めて、アジェンダをより高位に押し上げるために活動する。

　②政策の流れでは、政策課題に取り組もうとする首長や政策決定者に対して、その解決の方向性や具体的手段に関する理論や政策案を用意し、政策の窓が急に開いても対応できるように、あらかじめ準備しておく。

　③流れの合流では、政策起業家は、自らの有する専門的知識や体験、情報、人脈、時間といった資源を積極的に活かして、流れを合流させることに注力する。

　若者参画政策で、私が準備したのは、主に次の２つである。

　まず、政策の体系化では、2013年、神奈川県市町村研修センターで、1年間をかけて若者の社会参画を取り上げて、その体系化を試みた。

　若者の社会参画の実践では、相模原市南区の区民会議において、2012年から、若者の地域参画を実践してきた。それを提言書（『若い世代のまちづくりへの参画促進に係る提言書』）にまとめ、実践するためのルールブック（『まちづくりのトリセツ』）を作成した。

　これらの実績は、その後若者参画政策を立案した担当者（新城市）に、自信を与えることになったと思う。

2 どのように若者参画政策をつくっていくのか・立案タイプ別

（1）トップダウン型・新城市の若者参画政策

若者参画政策は、政策化の動機が弱い政策であるがゆえ、多くの場合、首長のトップダウンでスタートする。

・市長マニフェスト

新城市の若者参画政策は、市長選挙の際にマニフェストに掲げられたのがスタートである。穂積市長の第3期マニフェストの一番目に、「若者政策市民会議（仮称）を創設し、若者が活躍するまちをめざす総合的政策を策定します。」として、市長自らの行動を縛るかたちで、政策化を宣言している（2013年11月市長選挙）。

マニフェストとは、数値目標、期限、財源、工程などで裏付けられた「実現すること」を集めた政策集である。これまでの公約との違いは、公約が、抽象・網羅的で、住民にとって聞こえのよいもの（ウィッシュ・リスト）が並べられがちであったのに対して、実現性に重点を置いたものである。マニフェストの導入で、政治家は、単なる夢や願望を語るだけでは足りず、実行を伴う具体的政策を示さねばならなくなった。

現職市長のマニフェストについて、穂積市長は、次のように述べている。

「4年に1度の選挙こそは、総合計画には載っていないが、どうしても新たに重要施策としてやるべきと思われることを有権者に問う最大の機会だということになります。

総合計画の実施を積み上げていく「行政の継続性」と、現実の進行のなかで新たに浮上してくるテーマを合意形成の場に乗せていく「政治の変革力」

とを結合するのが、現職者のマニフェスト選挙だと考えています」（松下啓一他『自治体若者政策・愛知県新城市の挑戦―どのように若者を集め、その力を引き出したのか』萌書房・2017年・102頁）。

　マニフェストを掲げて当選すれば、それは政策の信任ということになり、政策の正当性を高める根拠となっている。若者政策の予算化・条例化を可能にしたのは、「選挙公約に掲げて信を問うたからこそでした」（同上103頁）とも述べている。

・若者政策ワーキングの設置

　当選した市長は、2014年5月、「若者政策について」を市民自治会議に諮問すると同時に、その作業チームとして、若者政策ワーキングを設置した。若者が自ら考えて提案してもらいたいという趣旨からである。以後、市民自治会議と若者政策ワーキングが、キャッチボールしながら政策をまとめていった。

資料Ⅲ－4　若者政策ワーキングの取り組み

（出典）新城市役所提供

若者政策ワーキングは、高校生から39歳までを対象とし、メンバーは、公募市民10名・若手市職員5名・地域おこし協力隊4名の計19名で構成された。若手職員や地域おこし協力隊が参加したのは、専門知識や広い視点からのアドバイスを求めるためで、これが現在のメンター制度につながっている。

・若者政策ワーキングでやったこと

①自分たちのまちを知る

　ワーククショップを進めていくなかで、若者たちは、自分たちのまちのことを実はあまり良く知らないことに気がついた。そこで、新城を知るために、3つのルートを設定し、市内の地域資源を体感することにした。観光・自然ルート、歴史・文化ルート、公共施設ルートである。これには関係する部署の職員が同行して説明した。

　現場を見ることで、今まで知らなかった魅力的な場所、歴史・文化などを知ることができたとともに、ハザードマップ的な視点で若者にとって優しくない場所や改善すべき方法などを議論していった。

②先進地へ行く

　若者の力を活かした取り組みをしている先進地へも出かけている。鯖江市では、「地域活性化プランコンテスト」と懇親会に参加し、若者が提案する政策や検討するための工夫、まち全体で若者を受け入れ盛り上げようとしている仕組みを学んだ。鯖江市JK課では、高校生が自主的にまちづくりに参加するきっかけづくりを学んでいる。

　長野県小布施町では、「小布施若者会議」に運営スタッフとして参加するなど、小布施の魅力的なまちと洗練されたプログラムを体験した。

③他の人たちの意見を聴く

　他の若者たちとの議論も積極的に進めた。市民病院へ出かけ医療現場の状況と課題を学び、新城市にある看護専門学校の学生、新城青年会議所メンバーとの話し合いも行い、他の若者の意見を聴きながら視野を広げていった。

　2014年10月に行われた「若者が住みたいまち」をテーマに開催した第2回市民まちづくり集会では、検討途中の若者総合政策を発表し、さまざまな世代の人たちとも話し合った。

・若者総合政策の提案

　1年間にわたる活動を通して、若者政策ワーキングからは、2つの提案が生まれた。

　ひとつは、若者総合政策である。若者の視点でまちをもっと良くしようという施策をまとめたものである。若者総合政策には、方針編とプラン編がある。方針編には、若者総合政策の4つのテーマが掲げられ、具体的な事業をプラン編で提案している。

資料Ⅲ－5　若者総合政策（方針と主なプラン）

```
　1．好きなことにアツくなれるまち
　　（1）楽しい図書館のつくり方
　　（2）勤労青少年ホームに若者を取り戻す
　　（3）桜淵公園にフットサルコートを作ろう
　　（4）鬼久保広場に若者が集結
　2．ホッ♡ちょっとひといきできるまち
　　（1）ひといきルートの提案
　　（2）メーカー・企業のイベントやオフ会を誘致
　　（3）CM作成
　3．夢が実現するまち
　　（1）W．C（Wakamono Creation）
　　（2）新城おこしプランコンテスト
　　（3）チャレンジショップ
　　（4）ITチャレンジ講習
　　（5）チャレンジ補助金
　　（6）軽トラ市でバスケットボール3on3
　4．あっ、こんなところに素敵な出会い
　　（1）縁結びストリート
　　（2）スポーツ×出会い
　　（3）素敵な出会いと思い出づくり
　　（4）盆ダンシング～若者×地域～
```

（出典）松下啓一・穂積亮次『自治体若者政策・愛知県新城市の挑戦』（萌書房・2017年）

・若者会議ではなく若者議会

　もうひとつは、若者議会の提案である（67 頁参照）。

　ヒントになったのは、ヨーロッパのユース議会である。ヨーロッパには、16 歳から 25 歳までの若者が選挙で選ばれ構成されるユース議会があり、そこでは、若者が市政に参加することができる制度がある。それを新城市にも、導入できないかと考えたのである。

　ただ、日本とヨーロッパには、政治制度の違いがあり、若者に対する意識も違いがある。ヨーロッパの制度をそのまま導入することはできない。しかし、新城市にふさわしい、若者が市政に参加でき、若者の意見が反映される仕組みがあればいいのではないかと考えていった。

　そのなかで、若者議会の構想がまとめあげられていった。簡単にいうと、若者議会は、単に、若者が新城市のまちづくりについて話し合い、その結果を提案するだけでなく、提案されたものが予算を伴って実現されるしくみである。

・そして条例へ（若者条例・若者議会条例）

　以上のような調査や検討を踏まえ、2014 年 8 月の第 6 回市民自治会議では、①若者が意見をいえる場として若者議会が必要、②若者議会の提案に対し市の予算をつけてほしい、③実効性を担保するため条例をつくってほしい旨を報告した。

　若者総合政策や若者議会は、条例という形式を取ることにした。これは、たとえ市長が変わったとしても若者総合政策や若者議会が継続していく仕組みを構築するためには、条例がふさわしいと考えたからである。

　その後、市長へ答申し、パブリックコメントを経て、2014 年 12 月の定例議会に上程し議決された。

（2）行政積み上げ型・多摩市若者参画条例づくり

　多摩市では、これまでの政策をさらに前に進めるかたちで、多摩市子ども・若者の権利を保障し支援と活躍を推進する条例を制定した。多摩市のケースは、行政内部で検討を始めるときの参考になるだろう。

・国の政策を受けて

　子ども・若者が抱える問題の深刻化・複雑化（ニート、ひきこもり、児童虐待、いじめ、不登校等）を受けて、子ども・若者育成支援推進法（平成21年法律第71号）、子ども・子育て支援法（平成24年法律第65号）が制定され、それを具体化するために、子ども・若者ビジョン、子供・若者育成支援推進大綱や子ども・子育て支援法に基づく基本指針が策定された。

資料Ⅲ－6　子供・若者育成支援推進大綱の基本方針

基本的な方針
（5つの重点課題）

（1）全ての子供・若者の健やかな育成
（2）困難を有する子供・若者やその家族の支援
（3）子供・若者の成長のための社会環境の整備
（4）子供・若者の成長を支える担い手の養成・支援
（5）創造的な未来を切り拓く子供・若者の応援

　この国の動向を受けて、多摩市では、
・児童青少年課に、子ども・若者育成係の設置（2017年4月）
・子育て・若者政策担当課長（〈当時〉次世代育成担当課長）の設置（2018年4月）
を行い、子ども・若者政策に取り組んできた。

・市長の思い・所信表明（2018年6月）

　多摩市においても、転機になるのは市長選挙である。市長選挙当選後の所信表明において、市長は、「（仮称）子ども・若者総合支援条例」の制定など

も含め、子ども・若者の支援体制づくりに取り組んでいくという意気込みを語っている（2018年6月11日）。

> 「若者たちが「まち」の夢を語り合い、自ら実現することを応援していく仕組みをつくっていくことで、これまでなかなか届かなかった若い世代の声を市政に反映させ、これからの時代を担っていく世代により魅力を感じてもらえるまちづくりを進めます。そして、これを積極的に発信し、来街や定住につなげていきます」

　この市長の思いは、条例化を検討した「子ども・若者総合支援条例検討委員会」の第1回会議の冒頭でも、熱く語られている（2020年9月24日）。

1．大震災、原発事故、コロナ禍など、想定外のことが次ぎ次ぎ起こってくる。そのなかでも、変わらず大事なものは、子ども、若者の未来である。
2．ユニセフが行った調査では、日本は、精神的な幸福度で37位と最低レベルであった。国民生活基礎調査では、「子どもの貧困率」は13.5%で7人に1人が貧困状態になっている。シングル家庭に限れば48.1%が貧困という状況である。
3．子どもの権利条約が採択されて31年たつが、日本の大人は、手を胸にあて、何をやっていたのか検証する必要がある。子どもの総数が減少しているにも限らず、いじめ、自殺、偏見、差別、虐待、事案はより顕在化しつつある。
4．もう一度、原点から見つめ直し、子ども、若者が、子どもの権利条約でうたわれた、生きる権利、育つ権利、守られる権利、参加する権利が当たり前のこととして、社会のなかで確認されているか。行政計画の中にきちんと反映されているのか。市民一人一人の中に育っているのか。子ども・若者の未来に対して、大人たち（社会）は、きちんと向き合っているかが、コロナ禍で、あらためて問われている。
5．困難を抱える子ども・若者の問題を見逃さないよう、市・関係機関・地域が切れ目のない支援・協力体制を組むことによって、「誰ひとり取り残さない」ことが必要である。
6．子どもは守られるだけの存在ではなく、みずから考え行動できる存在である。未来を担う子ども・若者の意見をしっかりと尊重し、子ども・若者がチャレンジすることを応援する社会をつくるべきだ。
7．多摩市は、これまで、子ども・若者に対して、多く施策を積み上げてきた。これを前提にさらに、前に進むべき。底上げをしていこうではないか。
8．この条例では、「多摩市内の関係者・市民が一つのチームとなって、子ども・若者の成長を応援する」まち・多摩市から全国に発信していきたい。

・子ども・若者に関する施策検討懇談会の設置（2018年11月〜2019年8月）

　市長の所信表明を受けて、現状の課題やそのための施策や手法などについて有識者や実務者に意見を聞く懇談会が設置された。

　提言内容は、次の通りであるが、このなかで、子ども・若者育成支援のための条例制定が提案されている。

資料Ⅲ－7　子ども・若者に関する施策検討懇談会の提言

	SDGｓ（持続可能な開発目標）の「誰一人取り残さない」ことを前提に、
骨子	○全ての子ども・若者の健やかな育成：ライフステージで途切れない支援や居場所
	○困難を有する子ども・若者やその家族の支援：効果的な情報提供でつながる支援
	○子ども・若者の成長のための社会環境の整備：関係者・機関との連携による支援力の強化
	○創造的な未来を切り拓く子ども・若者の応援：子ども・若者の発言や参画の機会
	○子ども・若者の成長を支える担い手の養成：担い手養成と子ども・若者の権利の理解促進
推進する施策	○横断的、包括的な支援の必要性
	○子ども・若者育成支援のネットワークの形成
	○支援を必要としている子ども・若者をつかむ多様なチャンネル
	○子ども・若者の育成支援の総合的見地からの施策評価・アセスメント
	○子ども・若者参画による子ども・若者の声の施策への反映
	○子ども・若者育成支援のための条例制定

（出典）子ども・若者総合支援条例検討委員会資料

・（仮称）子ども・若者総合支援条例検討委員会の設置（2020年9月〜2022年1月）

　この懇談会報告書の提案を受けて、多摩市としては、

（1）報告書にも示されるように、子ども・若者を見守り支えるためには、行政だけでなく、市民、関係団体、事業者等を巻き込む取り組みが必要不可欠であり、そのための下支えとして、条例を制定する必要がある。

（2）本条例は、必要な施策の検討および実行を、長期的に継続して進めていくための道しるべとしての役割を担うものであることから、時代に応じて変化する課題への対応も見据えて、普遍的に必要とされる理

念や責務を中心とした内容とする。

との方向性が示され、条例制定のための「(仮称)子ども・若者総合支援条例検討委員会」が設置された(2020年9月24日)。

　この委員会における条例化の検討は、2021年6月まで続き、委員会から条例素案についての提言が出されている。その後、行政の内部検討を経て、2021年12月議会に提案され、「多摩市子ども・若者の権利を保障し支援と活躍を推進する条例」が全会一致で制定されている。

・下支えする行政内部組織体制

　多摩市では、子ども・若者政策を着実に推進するために、行政内部組織体制も整備されている。

　多摩市子育て・若者支援推進本部は、子ども・子育て支援と子ども・若者育成支援に関する施策の総合的推進を図るための会議で、理事者と関係部長により構成され、市長が本部長である。

　多摩市子ども・若者の権利を保障し支援と活躍を推進する条例についても、条例検討を開始することの承認、進捗報告、素案の協議、原案の決定をこの推進本部に諮って実施している。

　条例制定を受けて、今後の取り組みとして、(1)条例周知、(2)子どもの権利擁護の仕組みづくり、(3)子ども・若者のまちづくり参画・活躍の機会や環境整備、(4)子ども・若者を含む推進体制の検討が必要になるが、これらについても、この推進本部に諮っていくことになる。

　条例検討においても、行政内部に、子ども・若者総合支援条例検討庁内委員会を設置、開催して検討した。関係課長による会議で、子育て・若者政策担当課長を委員長に、企画課長、経済観光課長、平和・人権課長、子育て支援課長、子ども家庭支援センター長、児童青少年課長、子育て・若者政策担当課長、福祉総務課長、健康推進課長、障害福祉課長、健幸まちづくり推進室長、教育企画担当課長、教育指導課長、教育センター長がメンバーである。

┊-（3）市民発意型・相模原市南区の若者参画政策

　相模原市南区では、区民会議という非常設の市民組織が若者を集め、常設的な若者組織をつくり、若者参画の仕組みや組織をつくっていった。検討プロセスは、きわめてオーソドックスである。市民発意の若者参画のつくり方として参考になるだろう。

・まちの課題は何かから考える

　南区区民会議では、まちの課題は何かという基本から考えていった。

　相模原市南区は、7つの地区に分かれているが、それぞれのまちづくり会議において、地域が抱えている問題を抽出してもらった（2012年）。

資料Ⅲ－8　地区が抱えている課題

相武台地区	大野南地区
▲自治会加入率が60％を下回る状態が続いていることから加入率の向上の方策について検討する。 ▲日常・災害時における要援護者支援対策の促進 ▲地域防災ネットワークの構築	▲災害時要援護者支援 ▲自治会加入率向上のため、自治会の重要性や活動をPRするなどの加入促進事業を展開しているが、加入者、加入率が伸びない。
麻溝台地区	新磯地区
▲地域団体の活動の担い手育成と地域団が実施するイベント等の参加者の増加 ▲災害時要援護者の避難等支援の推進など	▲平日の昼間に大規模地震が発生した場合の体制強化 ▲普段から地域のつながりを大切にする「共助意識」の強化など

（出典）「若い世代のまちづくりへの参画促進に係る提言書」（相模原市南区区民会議）

　そこから出てきたのが、次の課題である。

　①防犯・防災、環境、福祉活動等の基盤となる自治会活動の活性化を図るため、地域コミュニティの強化を図る必要がある。

②高齢社会の進展に伴い、身近な場所に高齢者等が集える場所や健康づくりの場所を確保するとともに、交流サロンや相談体制の充実を図る必要がある。

③若者、団塊世代の地域活動への参加機会を促進するため、地域の担い手を育成・支援する必要がある。

・共通の課題としての若者参加

この７地区から報告された現状と課題を分類・整理し、その現状と課題に対する課題解決のアイディアや解決に向けたキーワードを議論した。

資料Ⅲ－9　共通課題としての若者参画

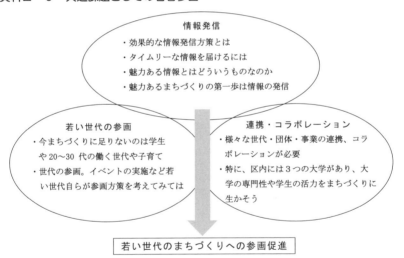

(出典)「若い世代のまちづくりへの参画促進に係る提言書」(相模原市南区区民会議)をもとに筆者作成

ワークショップなどの手法を使って検討した結果、３つのキーワードに集約された。

・「情報発信」まちをつないでいる若い世代への情報発信

・「若い世代の参画」まちづくりへの参画、若い世代の取り込み

・「連携・コラボレーション」区内には３つの大学があり、若い世代が南
　区に関心を持つ環境がある

　ここから、今のまちづくりに足りないのは学生や20〜30代の働く世代
や子育て世代の参画で、これら課題に共通する部分として、「若い世代のま
ちづくりへの参画促進」があるという結論になった。そこで、これを検討テー
マに考えてみようということになった。

・検討の目標・方向性を決める

　区民会議は、非常設の組織なので、短期間で成果を出すことは難しい。テー
マである若者参画は、行政も市民も問題意識が乏しく、時間をかけて、積み
上げていくしかない。１期２年の区民会議なので、２期４年をかけて一定の
成果（アウトプット）を出すこととした。

　前半の２年では、若者参画の必要性を調査、検証しながら明確にする、後
半の２年では、若者のまちづくり参画のルールの策定に取り組むこととした。

資料Ⅲ－10　検討スケジュール

平成24・25年度

「若い世代のまちづくりへの参画促進」に向けた具体的な仕組みづくりが必要

平成26年度

若者参画促進のルールを整備し、明文化することが必要

平成27年度

若者まちづくり参加ルールの作成

（出典）「若い世代のまちづくりへの参画促進に係る提言書」（相模原市南区区民会議）

・ニーズや課題を調べる

　若者のまちづくり参画は課題であることは分かるが、何が問題なのか、どこに解決の糸口があるのかから考えることとした。

　まず先進事例や文献調査を行って、解決のヒントを探ることにした。今では新城市などの先進事例があるが、当時はほとんどなく、自分たちで、糸口を探す作業となった。

　区民会議の強みは、足下に現場があることである。そこで、若者たちが地域のお祭りや行事に参加することを通して、若者のまちづくり参画の課題や解決のヒントを探ることにした。重点を置いたのは、「若者が地域活動に参加するための必要な事項」は何かで、大学生たちが、それぞれ希望する地域活動に企画段階から参加するなかで、その答えを探ることとした。結局、2013年から3年間、延べ19団体、52名が参加した。

　調査は、相模女子大学・女子美術大学に対する委託調査（若い世代のまちづくりへの参画促進に関する調査業務委託）という形式で行った。経費の概要は、学生たちの交通費程度であるが、活動の経済的裏付けとなった。

・若者参画を検証し、課題を乗り越える仕組みや工夫を考える

　こうした若者と若者を受け入れた地域の人たちとが話し合うワークショップを毎回、行った。若者参画がうまくいった要因、うまくいかなかった要因等を煮詰めていくなかで、若者のまちづくり参画を進めていくためのヒントを浮かび上がらせていった。

　それが「若者のまちづくり参加促進を考えるフォーラム」で、参加者は、地域活動に参加した若者、受け入れた地域の人たち、区民会議委員や行政職員等である。2014年3月から3年間、毎年開催した。議論の進展、深まりとともに、テーマを変えていった。

資料Ⅲ－11　若者参画の仕組みづくりの検討

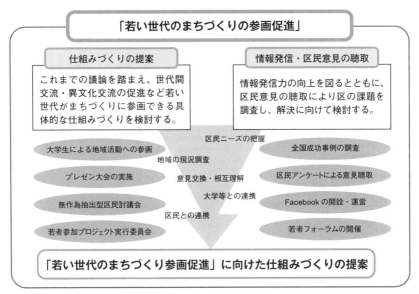

・多様な意見を聴く・無作為抽出型区民討議会の採用

　地域活動に参加した若者やその若者を受け入れた地域の人たちだけで考え
ていくと、発想やアイディアも固定しがちである。それ以外の若者や一般区
民の意見を聴くことも必要である。相模原市南区区民会議の開発したものの
一つに、無作為抽出による市民参加方式と楽しく話をするワークショップが
あるが、こうしたノウハウを使って、若者参画ルールの内容を別の観点から
も詰めていった。

　住民票から無作為で抽出する方式は、指名や公募による募集とは異なり、
参加者が無作為で選ばれるため、限られた特定の人ではなく、また、テーマ
に関して直接の当事者ではない人も数多く参加する。サイレントマジョリ
ティの声を聴くことができる方法である。

　相模原市南区区民会議では、この無作為抽出型の区民討議会を２年おき

に行っているが、特に、2013年9月22日に行った無作為抽出型討議会「わいわいみんなで語ろうPart2」では、16歳以上39歳以下と年齢制限をかけた抽出を行い、「若い世代のまちづくりへの参画促進方策の検討」を行った。

資料Ⅲ－12　無作為抽出型区民討議会の様子

（出典）相模原市南区区民会議フェイスブック

・若者参画の仕組みのルール化・まちづくりのトリセツ

　以上のような検討を約4年間続けていくなかで、若い世代も地域の受入団体側も互いに不慣れで、若者参画のための環境、心構えが不十分であることが分かった。

　参加する若者も受け入れる地域も、相応の配慮が必要であるが、互いを理解し合うための基本的なルールの整備が必要であるという考え方になって

いった。象徴的な言葉が「異文化交流」で、「学生と地域の双方は、同じ立場、同じ目線に立っていると勝手に思い込んだまま、必要な説明を省略して活動をスタートさせ、やがて気まずい関係となってしまう。過ごした環境の違う異文化の方々と交流するような気持ちで臨むことが大切なのではないか。」というものである。

　こうした意見から、若い世代と地域とが協力・連携したまちづくりを行うには、お互いに歩み寄り、尊重しあう姿勢ととともに、そのためのマナーを記述し、明文化する必要があるのではないかとの結論に至り、若者参画ルールブックを発刊しようということになった。

　その結果できあがったのが、『まちづくりのトリセツ－若者がまちづくりに参加するために大切なこと－』である。若者を含めたあらゆる世代の人が、まちづくりへの参画をスムーズに行うための取扱説明書（トリセツ）、いつでも取り出せる説明書（トリセツ）として、積極的に活用してもらおうというものである（81 頁参照）。

・若プロの設立やマチプロの誕生

　こうした活動のなかから、若者の活動組織が生まれてくる。それが若プロである（80 頁参照）。

　さらに若プロのメンバーが、衛星的に自分の大学で活動を始める。相模女子大学マッチングプロジェクト（マチプロ）である。

　マチプロは、相模原市南区の地域活動団体やＮＰＯと相模女子大学の学生との連携をつなぐ（マッチング）することを目的に結成された学生プロジェクトである。

　地域活動団体やＮＰＯの期待は、若者にどんどん参加してほしいということである。他方、若者たちの思いは、大学に入ったのを期に、新たなことにチャレンジしてみたいである。その両者の思いをつなぐ（マッチング）ことが、このプロジェクトの目的である。

　マッチングの方法は、大学キャンパス内で、授業の合間の昼休みに、地域

活動団体等がブースを開く。そこで、学生が立ち寄ることでマッチング（商談）が行われる。

　若者たちは、授業で学んだ協働に関する知識やファシリテートの技術を活用しながら、楽しそうにマッチングを行う。

資料Ⅲ－13　相模女子大学マッチングプロジェクト

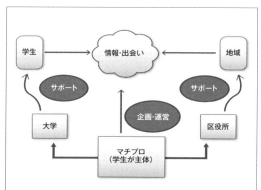 

（出典）筆者作成

・市民と行政の協働の実践

　若者参画は、若者のほか、地域、行政、学校等が、それぞれの得意分野を担当し、関係者で連携、協力しながら、進める必要があるが、その土台を支えるのは行政である。実際、裏方としての行政の活躍があって、初めてできあがる。

　マッチング事業に当たっては、実施主体の若者たち（マチプロ）とそれを支える行政との連携がなければ、この事業も先に進まない。マッチングイベントにおける役割分担をみても、準備段階、当日、事後も含めて、双方の役割分担と連携協力があって、実現できることがよく分かる。

資料Ⅲ－14　マッチングイベントにおける役割分担

（例）NPO版マッチングイベントにおける手順・作業分析表

	行政（南区役所）	マッチングプロジェクト	相模女子大学（事務局）
事前準備 8月 〜 10月	（情報共有） ①マッチングプロジェクトとの打合せ ②NPO法人に関する市（区）の情報提供 ③NPO法人への事前連絡 ④依頼文の文面等の確認・助言 ⑤依頼文の送付 ⑥打合せ資料等の確認・助言 ⑦申込書等の様式作成 ⑧学生・大学事務局との調整（最終打合せ）	①イベントの企画 ②大学事務局との相談・調整 ③行政への協力依頼 ④打診するNPO法人の決定 ⑤NPO法人への直接連絡 ⑥依頼文の作成 ⑦団体との事前の打合せ ⑧イベント会場等の予約 ⑨ポスター等の作成 ⑩最終打合せ	（情報共有） ①マッチングプロジェクトとの打合せ ②依頼文の内容確認 ③打合せ用に会議室等の確保（大学内） ④イベント実施場所の確保（〃） ⑤ポスター等の作成補助・掲示 ⑥学生・行政との調整（最終打合せ）
当日 10月中旬	①設営補助 ②学生の呼び込み ③会場撤収補助	①設営 ②学生の呼び込み ③申込書の回収 ④会場撤収	①設営補助 ②学生の呼び込み ③申込書の受理 ④会場撤収
事後	①事後打合せ ②開催結果の情報共有（個人情報除く）	①事後打合せ（結果・反省点） ②参画学生へのフォローアップ	①事後打合せ ②参画学生の人数等を行政に情報提供

（出典）相模原市南区役所提供

・残された課題・市全体の施策へ

　政策課題は、現場で起こっているので、まず地域で政策として取り組み、それを全市的な政策に昇華していく。これが南区区民会議のミッションである。

若い世代のまちづくりへの参画促進は、南区だけではなく、相模原市全体にとっても、必要なことである。これを全市的な政策とするのが、次の課題である。

　次期総合計画の検討の際に、南区区民会議から参加し、若者参画の意義や必要性は、総合計画に位置付けられたが、現時点では、全市的、全庁的に施策に取り組むまで定着するには至っていない。政策の窓モデルでいうところの政治の流れをつくれていないことが原因である。

（4）議会提案型の若者参画政策の可能性

　現時点では、先行事例はないが、若者参画政策は、議会が提案するには、よいテーマといえる。

・議会の役割・ビジネスパートナーと考えると理解が進む

　議員は監査役という誤解がある。たしかに執行部をチェックするという役割もあるが、それは、議会が自治体の共同経営者だからである。

　実際、地方自治法を見れば、議会・議員の基本的権限として、条例の制定改廃、予算の制定、決算の認定、重要な契約の締結や財産の取得・処分等の議決権が定められている（第96条）。これらは自治体の経営者としての役割を体現する規定である。

　首長と議員の関係は、ビジネスパートナーと考えると理解がしやすい。首長と対等の立場で、業務の一部を担っている存在で、首長とは違う企画力、専門的知識、技術力を持っている。

　議会・議員は、予算決定権や条例決定権を持っているが、組織・人員・財源は十分ではなく、予算編成権もない。他方、長は、執行権や組織・人員・財源を持っているが、予算決定権や条例決定権は持っていない。つまり、議会・議員と首長の２つの組織ともが、自己完結的ではなく、両者合わさって

1となる仕組みになっている。

　つまり、両者は、切磋琢磨、連携、協力し合いながら、市民の幸せを実現するためのパートナーである。

・議会が提案するのにふさわしい政策条例

　地方自治法に制約がない限り、議員が提案できる条例には制約はない（長にのみ提出権が専属する条例もある。市町村の支所・出張所等の設置に関する条例（第155条第1項）、保健所など行政機関の設置に関する条例（第156条第1項）、長の直近下位の内部組織の設置等に関する条例（第158条第1項）がある。これは二元代表制に由来する）。

　しかし、議会の役割・権限や能力、また議会を構成する議員の役割や行動原理等から考えると、議会が提案するのにふさわしい条例がある。具体的には、次のような条例が考えられる。

　①議会・議員でなければできない条例。議会の役割、行動に関する事項を定める条例である。地方自治法には、議会運営に関する事項は詳細に規定されているが、議会や議員の活動に関する事項は、ほとんどない。その空白を埋める条例である。議会基本条例が代表的な例である。

　②地方自治のあり方を規定する条例。自治基本条例が典型例である。全国で制定されている自治基本条例の多くは、行政、市民が発意するが、長野県飯田市では、議会がリードし、市民会議を開催し、市民や議会が活発に議論する機会をつくりながら条例案をつくっていった。

　③広い視野から地域を概観した条例。行政が縦割りの運営になりがちななかで、広い視野から、まち全体を概観した条例でもある。地域振興条例、産業活性化条例など、いわばまちを元気にする条例である。若者参画条例も含まれる。

　④地域や住民の要望を反映する条例。地域に密着する議員ならではという条例である。犯罪のない安全で安心なまちづくり条例、深夜花火規制条例、サル餌付け禁止条例、自転車安全利用条例など数多くの条例が提案されてい

る。

⑤まちや市民のあるべき姿を示した条例。当面の解決に追われる行政に変わって、まちや市民のあるべき姿を示した条例である。理念型・宣言型の条例となるため、執行経費や執行体制が特に必要ないことから、議員が提案しやすい条例でもある。秋田市未来を築く子どもを育むための市民や社会の役割に関する条例などがある。最近では、シビック・プライド条例なども入るだろう（シビック・プライド条例については、拙著『市民がつくる、わがまちの誇り－シビック・プライド政策の理論と実際』水曜社・2021年参照）。

⑥行政ではできない新しい政策課題をとりあげた条例。行政の行動原理は、公平・公正なので、多数の市民の合意が得られないと取り組むことができないという限界がある。国の議員提案の法律（議員立法）の場合は、行政の限界を乗り越える内容のものが目立つが（性同一性障害者の性別の取扱いの特例に関する法律など）、これは地方議員が提案する条例でも見習うべきだろう。

⑦少数者の思いを掘り起こす条例。行政は全体の利益のために活動することから、少数だが重要な意見を見落してしまう場合がある。もうひとつの視点から問題提起する条例である（その分、否決率が高くなる）。渋谷区男女平等及び多様性を尊重する社会を推進する条例などがある。

・初めての議会提案条例として若者参画条例は取り組みやすい

自治体を取り巻く課題は多く、早急に対応策をとるべき事項も多い。行政は当面の解決に追われてしまい、若者参画のような緊急性が目に見えない政策に対しては手を出しにくい。

若者参画政策は、行政の所管の谷間にある政策なので、明確な担当課というのがない。その結果、傍観や押し付け合いが起こってくる。結果として、課題解決が先に進まないという事態に陥りやすい。議会・議員ならば、所管や縦割りを乗り越えた政策提案が行いやすい。

若者参画に関しては、議員の理解はさまざまであるとしても、これを条例

として政策推進することに関しては、とりたてて、反対意見がない政策である。若者参画は、議会全体として取り組むには、適切なテーマといえる。

　若者参画は、内容的にも、高度の専門性や技術性が要求されるわけではなく、一人ひとりの体験や経験が活かせる政策であるため、特に、これまで政策条例を提案したことのない議会が初めて取り組むには、取り組みやすい素材だと思う。

・初めて議会提案するにあたってのアドバイス

　議会による条例提案は初めてという地方議会においては、さまざまな不安や疑問もあるだろう。本書は、自治体職員が、若者参画政策を提案するにあたってという前提で書かれているが、議会・議員に対しても、原則として、そのまま参考にできるだろう。

　やはり、

　（１）若者参画政策の背景や必要性

　（２）若者参画政策の全体像

　（３）どこから始めたらよいか

　（４）若者参画政策立案にあたっての要点

　（５）動く条例とするためのポイント

などが、論点になる。議会で提案するときは、本書の該当部分を確認してほしい。

　コロナ禍等で、先進地視察や他会派の議員とのコミュニケーションがとりにくいなどの障壁もあるが、議会全体で連携・協力して、チャレンジしてみてほしい。

　なお、議会提案の条例づくりで、最も弱いのは、条例を執行する行政との連携、調整である。そのためのルールや仕組みは、現時点ではほとんどの自治体で整備されていない。当面は、実践のなかで、協議、調整していくしかない。議会、議員は、同じビジネスパートナーだと考えると、相互に知恵やアイディアを出し合えるだろう。がんばってほしい。

・大分市議会の取り組み

　大分市議会は、2021年6月から、「(仮称) 若者参画条例」の制定に向けて取り組みを開始した。

　大分市議会には、全議員で構成する大分市議会議員政策研究会があり、これまでも会派を超えて政策研究に取り組んできた。子どもや若者に関連するものとして、大分市子ども条例 (2011年) の制定の際には、小中高校の児童・生徒からの意見聴取、意見交換を実施し、投票率の向上対策に関する提言 (2020年) をまとめる際には、大学と連携して検討を行った。

　また、これらの取り組みとは別に2011年以降、恒常的に議会として、高校、短大を含む大学、専門学校の学生に対する意見聴取、意見交換等を実施してきた。

資料Ⅲ－15　若者支援団体との意見交換

（出典）大分市議会ホームページ

　今回、議会が「(仮称) 若者参画条例」を提案しようとする背景には、こうした実績・経験に加えて、若者参画は喫緊の課題であるにもかかわらず、行政には若者に関する施策を専門に担当する部署がなく、行政各課が、それぞれで実施している状態のなかで、議会が条例制定することで、大分市全体

として、若者参画に体系的に取り組んでいくという積極的意味がある。

　現在、大分市議会議員政策研究会の推進チーム会議（9名の議員で構成）を中心に調査研究を行っているが、条例が制定されれば、全国初の議会提案の若者参画条例となる。

3
若者参画政策立案にあたっての要点

（1）目的をしっかり議論する

　政策立案においては、その目的を明確にし、それを関係者がしっかりと共有することが最も大事である。

・目的の３層構造

　目的は、政策の土台であり、幹となるものである。これが揺らぐと、政策の枝葉や全体も揺らいでしまう。何のためにこの政策をつくるのか、明確にしておく必要がある。時間をかけ、納得ができるまで大いに議論してほしい。

　条例の場合、第１条は目的になるが、目的規定は、一般的には３層構造となっている。

　①この条例に規定すること

　・若者が活躍できるまちづくりの推進に関する基本理念を定め（富田林市）

　・若者、市民、事業者及び市の責務を明らかにするとともに、若者が活躍するまちの形成の推進の基本となる事項を定めること等（新城市）

　②この条例が直接目指すこと

　・総合的に若者が活躍するまちの形成の推進を図り（新城市）

　・若者のまちづくりへの参画及び育成を図り（富田林市）

　・総合的に学生のまちの推進を図り（金沢市）

　ここが一番の考えどころである。この条例で、何を実現したいのか、「きも」になるところである。

　③最終目的

　・市民が主役のまちづくり及び世代のリレーができるまちの実現に寄与す

る（新城市）

・誰もが幸せで、安心して暮らせるまちを実現する（富田林市）

・健全で活力に満ちた地域社会の実現と本市の持続的な発展に寄与する（金沢市）

　最終目標は、ほかの条例とも共通するので、既存の条例の規定を参考にできるだろう。

・目的をワンフレーズでいう

　若者参画政策を立案する意味は何か。ひとことで、ワンフレーズでいえるくらいに、ぎゅっと凝縮しておこう。

　先行自治体の例を示しておこう。

　・新城市（若者が活躍できるまち）

　市民全員が元気に住み続けられ、世代のリレーができるまちを実現するために、若者の思いや意見をカタチにし、「若者が活躍できるまち」にする（若者総合政策・新城市若者条例第8条）。

　・多摩市（若者がアイディアを出し、実践してもらう）

　若い世代・子育て世代が、「多摩市に住んでみたい・訪れてみたい」と思えるような魅力を創出・発信していくため、若者に「アイディアを出してもらい、さらに若者自身に実践してもらう」（若者会議の設置趣旨）。

　・金沢市（学生と市民が交流し、活動する）

　学生がまちを学びの場または交流の場としながら、まちなかに集い、市民と親しく交流し、地域における活動等に取り組む。市民、町会等、高等教育機関、事業者、市が一体となって、学生の地域における生活、自主的な活動等を支援することにより、学生と市民との相互の交流および学生とまちとの関係が深まり、にぎわいと活力が創出されるまちをつくろう（金沢市における学生のまち推進に関する条例の趣旨）

　・大分市（若者が自らの意見をいえる仕組みづくり）

　若者が自らの意見をいえる仕組みづくりを目指す。あらゆる若者が意見を

いえる機会をつくることで、若者が必要とする施策の実現に取り組む。意見が反映されるという体験を通して、さらなる参画を推進する多くの若者がまちづくりに参画することで、若者が活躍し大分市の活力の向上につながる（市議会から市民への問いかけ）

(2) しっかりとした基本方針をつくる

　スタート時にしっかりした基本方針を定め、途中、ブレたり、手戻りをしないようにする。

　基本方針で定める事項は、テーマによっても異なるが、おおむね次のような内容である。

　①政策名

　②その政策の必要性、背景

　③その政策の目標・ねらい（基本理念）

　④基本情報－市民ニーズや他都市の状況等

　⑤政策の形式－条例・計画等

　⑥政策の内容（メニュー）、特に独自性・先進性（全国初など）

　⑦目標・内容実現のための課題

　⑧検討期間や政策化の時期（スケジュール）

　⑨検討のための予算、体制・人員

　⑩実施のための執行体制や経費

(3) 政策事実を押さえ、大事に育てる

　政策が機能するには裏付けが必要になる。これがないとどんなに立派な理

念も、絵にかいた餅である。

・政策事実とは

　制度が機能する裏付けを政策事実という。政策は、実現されることが前提である。つまり政策によって社会問題が解決され、人が幸せになることが重要である。

　政策事実は、政策の基礎にあって、その合理性を支える社会的、経済的、文化的な事実をいう。要するに、政策を動かす人や組織、仕組みがあり、先行する活動があれば、その政策は、動く政策になっていくし、逆にこれらがなければ、単なる作文政策で、社会を変革する力にはならないということである。

　近年の政策は、行政内部や市民の行動を制約する規制型政策は少なく、市民の主体的な活動に期待する誘導支援型政策が多いから、とりわけ担い手である市民が存在し、市民による先行的な活動があることが、政策決定の決め手になる。

・先行する政策事実を礎にする・新城市

　新城市の若者参画政策は、2012 年 7 月に新城市の若者たちが、イギリスのニューカッスル・アポン・タイン市で開催された第 8 回世界新城アライアンス会議へ参加したことが契機のひとつである。

　この会議に参加した若者たちは、一緒に参加した世界の若者たちが、自分たちのまちの姿や魅力を大いに語り、まちのために行動している姿を目の当たりにして、大いに刺激を受けた。また世界の国々には、若者会議という組織があり、ここを拠り所に、若者たちが考え、行動していることを知った。ならば「自分たちも作ろう」。新城市の若者たちは、2012 年 10 月に新城ユースの会を設立した。

　その後、このユースの会の若者たちが、新城市と連携して、地域づくり・まちづくり活動を開始するが、これによって、新城市の若者参画政策の政策事実は、積み上げられていくことになる。

・新しい政策事実をつくる・相模原市南区

　相模原市南区では、政策事実を新規につくっていった。ターゲットは大学生である。

　2007年6月の学校教育法の改正で、大学は従来の学術研究、人材育成に加え、教育研究の成果を広く社会に提供することが、その役割として位置付けられた。大学白らが能動的に社会と関わり、社会の形成の一端を担う役割を果たすことを強く求められるようになった。実際、多くの大学で、地域連携活動に取り組んでいる。

　大学は、地域連携に関しては、大学の知識や技術・研究成果を活かした連携や生涯学習・公開講座・インターンシップなどの教育機能を持つが、何よりも、学生という若者資源が豊富である。

　相模原市南区では、大学が多く、18歳人口が大幅超過になるという特性を生かして、大学との連携を図り、学生による活動という政策事実を積み上げてきた。

資料Ⅲ－16　学生の強みを活かす

（出典）相模原市議会ホームページ

　南区内には、北里大学（保健医療等）、相模女子大学（地域連携）、女子美

162

術大学（デザイン等）という、それぞれ特色を持った大学があり、学生たちの強み、得意分野を活かすかたちで、学生の出番と活躍の機会をつくりながら、若者参画を進めている。

　例えば、まちづくり会議には、模造紙やホワイトボードに、会議の進行に合わせて、イラストや図形を描き込んで、会議の流れや発言などについてまとめるグラフィッカーがいるが、女子美術大学のメンバーが、グラフィッカーとして参加している。

⋯（4）若者の集め方

　実際、若者を集めることは簡単なことではない。市民を集めるのも苦労するのに、若者ではなおさら難しい。さまざまな工夫をしながら、若者を集めている。

・若者の集め方

　一般的に行われる募集方法は、

　・市の広報誌

　・市のホームページ

　・チラシ、ポスターの配布（市内公共施設、市内中高学校、隣接市の高校、大学等）

　・ケーブルテレビでの放送

　・SNS（Twitter、Facebook）への投稿

等である。

　豊橋市のわかば議会は、委員定員は20名以内であるが、第1期目の応募者数は52名、第2期は50名の応募があった。

　わかば議会では、上記の募集方法に加え、

　・対象年齢の市民を対象に無作為抽出してチラシを郵送（この方法が最も

効果があった）

・高校、大学を訪問してＰＲ

・電車でのポスター掲示

も行っている。またＱＲコードから、応募フォームにアクセスできるように
している。

・スタート時は

　先行事例を見ると、スタート時と回数を重ねた後とでは、効果的な募集方
法に変化が生じてくる。スタート時は、次の方法が有効である。

①一本釣り

　新城市の若者募集では、準備段階である若者政策ワーキング（2014 年）
と若者議会（2015 年～）に若者から手をあげてもらうために、さまざまな
ＰＲ手段を講じた。

　そのうち、最も有効だったのは、担当者が、学校や若者グループの集まり
等に出かけ、直接、若者に会って、思いと趣旨を伝えたことだった。一本釣
りである。その結果、若者政策ワーキングでは 10 名の若者が集まった。や
はり、役所で待っているだけでは、若者は集まらない。

②無作為抽出

　新城市では、住民基本台帳から無作為抽出を行い、この抽出された若者に
直接、参加を呼び掛ける方式も当初より採用している。

　新城市では、この無作為抽出方式は、市民まちづくり集会においても、す
でに実施していて、2,000 名の市民を住民基本台帳から抽出して、参加を
促している。その方式を応用して、年齢制限（4 月 1 日基準 16 歳～ 29 歳）
をかけて、無作為に 500 名を抽出するものである。

　その結果、第 1 期では 10 名、第 2 期では 6 名が、この呼びかけに応じて
いる。この方式は、一般的な「参加してみませんか」というものでなく、直
接、個別に、「あなた、出てみませんか」と依頼する方式なので、やる気の
ある若者を掘り起こし、やってみようかなと思う若者に、もう一押しする仕

組みである。仮に、参加しなくても、郵送の際には、チラシと応募用紙を同封するので、若者政策や若者議会のＰＲにもなる。

　2020年からスタートした豊橋市わかば議会では、若者募集では、この無作為抽出方式が、最も有効であったと評価している。

・動き始めてからは

　動き始めると、若者募集方法にも変化が出る。

　すでに7期目になる新城市では、現在は、一本釣りといったような直接、若者に声をかける方法はとっていない。そうしなくても、若者が集まるようになってくるからである。

　新城市の若者議会は、高校生が主体であるが、高校の先輩後輩、同級生つながりから、若者議会のメンバーとして参加するケースが増えてきた。これは同世代の若者の活躍が、他の若者にも伝搬しているということである。やはり若者を動かすには若者が一番である。

　また、新城市の場合は、中学生議会の経験者が、若者議会へステップアップしたいと応募した例もある。

・期待できる高校生

　大学は都市部を中心に偏在しているため、大学がないという市町村も多いが、高校ならば、全国にあり、市レベルだとほとんどの市に高校がある。高校がないというところも、近隣自治体の高校に通っていることから、高校との縁がないわけではない。

　また2022年から、高校の新指導要領では、「公共」が必修科目となった。これは、若者が、国家・社会の形成に参画し、社会など公共的な空間づくりに関与することが期待されているということである。高校生の地域参画は追い風になっている。

　実際、高校生の場合は、会議等を行っても、当日の出席率は100%に近い。学校に声をかければ、意欲のある高校生を出してくれる。運営側からみると、高校生は、安心して会議を開けるという実践的な強みもある。

最近では、総合計画の策定に高校生が参加し、意見を聴く機会をつくるの
が、一般的になってきた。さらには、高校生が一方通行で感想を言い、意見
をもの申す形態（評論型）から、高校生自らが提案を行う形態（提案型）の
高校生参画も増えてきた。その到達点のひとつが、遊佐町の少年議会である
（105頁参照）。

　また大学生と違って、高校生が政策提案するには、適切な情報、自由で闊
達な雰囲気、そのほか行政によるきめ細かなサポートが必要になるが、新城
市の若者議会では、職員や若者会議ＯＢが、メンターとなって、若者たち
を支えている。

・楽しく・成長・できそうだ

　若者募集のポイントは、若者の心に響くアプローチができるかである。新
城市の募集ポスターは、いつも新鮮である。

資料Ⅲ－17　若者議会募集ポスター

（出典）新城市役所提供

①行政色を出さないようにする。堅苦しいと引かれてしまう。若者の注目
　を集めつつ、「楽しそう」。
②若者は、自分を変えたい、成長したいと思っている。若者議会に参加す
　れば、貴重な機会を得られそう、「成長できそう」。
③自分もできるかもしれない、やってみようという気持ちが持てる、「で
　きそう」。
そんな期待を感じさせるつくりになっている。

（5）関係者の主体的取り組みと連携

　若者参画政策は、行政だけでは実現ができない政策である。多くの関係者
の主体的取り組みと相互の連携・協力が必要になる。
①若者
　若者は、若者参画政策の中心的なアクターである。まず何よりも若者自身
が自治体政策やまちづくりの当事者として、主体的に取り組むことで、初め
て効果が生まれる政策である。
　若者自身が、まちや地域について理解や関心を深め、自主的な活動に取り
組み、あるいは市民や事業者等が行う活動に積極的に参加して、自分自身の
意識変革、行動変化を起こしてほしい。
②市民
　若者参画政策は、直接的には若者に対する政策であるが、若者を取り巻く
大人に対する政策でもある。大人は、自分の体験、経験で、ものを語りがち
であるが、若者との交流を通して、新たな価値や発想にふれることができる。
　しかし、若者との交流は、待っているだけでは始まらない。若者と議論し、
一緒に活動する場があれば、積極的に参加して、さまざまな発見をしてほし
い。

③首長

若者参画政策は職員からボトムアップで興していくのは容易ではない。首長がイニシアティブをとって、若者参画を自治体の基本政策のひとつに位置付け、職員や住民を巻き込みながら、リードしていってほしい。新城市は、市長のリーダーシップによって、全市的な取り組みになっていった。

④行政

政策形成過程や地域・まちづくりに若者が参画できるように後押しする施策を策定、実施するのが行政の役割である。

地域・まちへの若者参画は、若者、市民、地域活動団体、ＮＰＯ・ボランティア団体、事業者等と連携・協力が必要なので、そのコーディネートが行政の役割である。

⑤議会、議員

議会・議員は行政のチェック機関であると誤解されるが、条例制定権、予算審議権などを持つ自治の共同経営者である。

自治経営の主体として、若者参画政策を提案、決定、推進していく役割が求められる。とりわけ若者参画政策は、アジェンダ設定が容易ではないことから、議会のリーダーシップによる政策化が期待される。

⑥地域活動団体

地域コミュニティには、お互いの顔が見えるような人間関係があり、そこから団結や協力・連携を基盤とした取り組みができるという強みがある。この地域を基盤とする相互連携機能や支援的機能が、若者を大人に育てていく揺籃機能の源泉になっている。

若者参画は、地域コミュニティにとっても活性化の源になる。

地域コミュニティは、その役割を自覚し、若者の自己形成・人格的自立、社会的自立のために、持てる機能・役割を存分に発揮してほしい。

⑦民間非営利公益活動団体

民間非営利公益活動団体の強みは、専門分野の知識が豊富で現場をよく

知っている、小回りが利き臨機応変に対応ができる、公平性・公正性にとらわれず自由で柔軟な対応ができる、横のつながり、ネットワークを生かせる等である。この点が、公平性、画一性を行動原理とする行政との違いである。

　民間非営利公益活動団体は、この強みを活かし、自らの問題意識を出発点とした自主的、先駆的な活動を通して、若者の社会的自立をサポートしてほしい。

⑧企業・事業者

　企業は、雇用を通して、若者の経済的自立に大きな役割を果たしている。企業・事業者の第一義的な目的は利潤追求であるが、近年では、社会的責任に基づく地域貢献活動も企業も役割の一部になってきた。企業・事業者は、従業員である若者が、社会参画しやすい環境を整えるとともに、その資源を活用して、若者全体の社会的自立を支援してほしい。

⑨学校

　最近では、まちや地域づくりへの参画・関与も、研究、教育活動の一環になってきた。学校と地域の連携強化のため、自治体と大学との包括連携協定を結ぶ例も増えている。学生たちは、地域やまちに出て、地域の人たちから感謝されることを通して、自己有用感を感じることができる。学校は、学生たちが地域参画できる機会を積極的につくってほしい。

4
策定・推進体制のつくり方

（1）若者参画政策をどのようにつくっていくか

・役所だけではつくらない

　若者参画政策は、その内容は若者の現状や思いを踏まえたもので、かつ実際に若者参画が進むものとして、つくられなければならない。それには政策の策定過程においては、当事者、関係者が参画し、当事者性を持てるように心がける必要がある。

　若者参画政策は、役所だけではつくってはいけないし、学識者がまとめたものでもいけない。役所や大人がつくって、ハイどうぞといわれても、若者は当事者性を持つことはできないからである。

　また若者だけでつくってもいけない。若者参画政策は、大人政策でもあるからである。

　若者参画の当事者、関係者である若者、市民、地域活動団体、市民活動団体、学校、行政、議会が、連携し協力しながらつくることが肝要である。そのための仕組み、仕掛けに大いに知恵を絞ってもらいたい。

・関心のない人も関心を喚起するようにつくる

　若者参画政策を広めるには、一人でも多くの市民が、その意義や必要性を理解し、共感することである。

　若者参画政策の検討過程では、さまざまな媒体を使って、若者参画政策の意義や可能性を伝えてほしい。専門のホームページを開設して、同時進行で、検討状況を知らせたい。今、何が議論され、何で悩んでいるのか、その肉声を若者や市民に伝えてほしい。

　若者・市民からの優れた提案を取り入れることも欠かせない。自由闊達に提案できる機会と優れた提案を採用する進取性を心がけてほしい。

　若者参画政策について、説明する機会があれば、地域ごと、職域・団体ごと、率先して出かけてもらいたい。ひとりでも多くの若者・市民の関心や興味を引き起こす努力を忘れないでほしい。

・当事者の意見を聴く方法

　若者や市民の意見を聴く方法では、知恵を絞ってほしい。

　新城市では、若者たちによる若者政策ワーキングが、市民自治会議とキャッチボールしながら政策をまとめていった。

　相模原市南区では、若者たちが地域に出かけ、若者参画に当たって、気づいたことを受け入れ側の地域団体等とのワークショップを重ねながら、若者参画のルールをまとめていった。

　多摩市の条例づくりでは、子ども・若者に対するアンケートや2回にわたる子ども・若者オンラインワークショップを行った。2020年度は、16歳〜39歳を対象に、「子ども・若者が自分らしく成長・活躍できるまちをつくろう」をテーマに、2021年度は、子どもの部（小5〜中3）、若者の部（16〜39歳）に分けて、条例の要素（困った時の支援／チャレンジ・挑戦／まちづくり参加）に関連する意見や制定後の取り組みのヒントとなる意見を集めていった。

（2）庁内体制

　若者参画は、行政各課全般にわたる政策なので、全庁的な推進体制が必要になる。

・推進本部

　多摩市では、子ども・子育て支援法及び子ども・若者育成支援推進法に関

する施策の総合的な推進を図るため、多摩市子育て・若者支援推進本部を設置している。

推進本部の所掌事項は、次の通りである。

（1）多摩市子ども・子育て支援事業計画及び多摩市子ども・若者計画の策定及び総合的推進に関すること。

（2）事業計画に基づく各施策の総合調整及び協議に関すること。

（3）その他子ども・子育て支援及び子ども・若者育成支援の推進に関し必要と認める事項。

市長が本部長となり、理事者と関係部長で構成されている。多摩市子ども・若者の権利を保障し支援と活躍を推進する条例も、条例検討を開始することの承認、進捗報告、素案の協議、原案の決定をこの推進本部に諮って、実施している。

・若者政策係の設置

若者参画政策では、外にあっては若者を集め、若者たちが議論する場を設け、若者たちの意見をまとめること、庁内にあっては、若者の意見が各政策に反映するように関係部署と調整することが不可欠である。別の面からいえば、関係部署に協力してもらいながら、組織に横グシを入れるという困難な作業が必要になる。新しい政策分野であることから、片手間の仕事ではやりきれない。

こうしたことから新城市では、専属の係を設置することとし、2014年4月より若者政策係が企画部市民自治推進課内に置かれ係長（兼務）と主事が配属された。若者参画を本務とする係としては全国初と思われる。2017年度からは、係長が専属となり、担当者2名とあわせた3名体制となっている。専担組織をつくることで、継続的な事業展開が可能となり、より的確な情報収集、関係機関との綿密な連携・協力、即応性のあるプロジェクト事業が展開できるようになった。

多摩市では、2017年度から児童青少年課に子ども・若者育成係を設置し、

2018年度には、子育て・若者政策担当課長を設置している。

・行政の機構を横断した若い職員を中心とした学びと実践

　若者参画政策に先駆的に取り組んでいる自治体に共通しているのは、若者参画の重要性を認識し、その事業化に熱心に取り組む若手職員がいることである。若者参画は、新しい政策であり、若者との伴走が欠かせない政策であることから、若者の発想と行動がとりわけ有用である。

　こうした若手職員を生み出し、後押しする仕組みとして、行政各課を横断した若手職員を中心としたプロジェクトチームをつくり、若者参画政策の推進施策を検討し、実行することも一つの方法だろう。若い職員が若者と一緒に考え、実行するなかで、そこから新たな交流が生まれ、それが行政やまちづくりに関心を持つ若者が増えていくきっかけにもなる。

　新城市や富田林市で行っている自治体職員のメンター制度は、その仕組みのひとつといえる。

Ⅳ

機能する（動く）政策にできるか不安である

実際に若者が参画し、元気で活躍してこそ
政策をつくる意味がある。
機能する（動く）政策をつくろう。

1
若者参画政策の政策形式

（1）若者参画政策

　政策形式を法規範と非法規範に分けると、それぞれの代表が条例と計画である。

・条例

　条例は、自治体の事務に関する立法形式で、議会の議決により制定される。

　政策形式としての条例の強みは、議会の議決を経て制定されることから、住民の意思を反映していること、審議過程の透明性に優れ、オープンな議論を通じ政策決定できることなどがある。また、市長が変わっても、条例ならば、廃止しない限り、これを守っていくという継続性もある。

　新城市は、若者総合政策や若者議会は条例という形式を取ることにした。これは、たとえ市長が変わったとしても若者総合政策や若者議会が継続していく仕組みを構築するためには、条例がふさわしいと考えたからである。

　多摩市では、子ども・若者育成支援推進政策を条例で制定する理由として、次のような点をあげている。

　子ども・若者の健やかな育ちのための施策の実現に向けて進んでいくためには、

・全庁的な施策として、市長や議会構成などの時代の変化によらず、同じ方向性を長期的に継続して共有すること

・庁内の連携にとどまらず、行政や事業者・個人・団体などその立場を超えて、全ての市民が子ども・若者の成長を見守り、時には支えていくこと

・虐待予防の観点からも、子ども・若者の権利を尊重することを明確化する

　こと

が必要であり、そのための根拠が求められる。

　また、宣言、計画、要綱、憲章などの選択肢があるなかで、全庁を対象と

して施策や制度を基礎づけることで一定の拘束力を有し、庁内外に市の姿勢

を強く明示するには、条例が最も適切であるからとしている。

　富田林市の吉村善美市長は、所信表明（2019年6月18日）で、「『若者

が富田林の未来を考え、まちづくりに参加する会議』の創設を進めるととも

に、若者が活躍するまちの形成に向けて、「若者条例」の策定に取り組んで

いきます」と表明している。これが条例化の直接の契機となっている。

　なお、若者参画条例については、モデル条例（松下啓一・倉根悠紀『若者

参画条例の提案―若者が活き活きと活動するまちをつくるために』萌書房・

2018年）を提案しているので、参考にしてほしい。

資料Ⅳ－1　若者参画条例（モデル条例）

●前文

●目的

●定義

●基本理念

●関係者とその役割（若者、市民、市、地域活動団体、ＮＰＯ、事業者）

●推進計画と主な施策（憲章、広報・啓発、学習・人材育成、情報の発信・
　共有、自治体政策への参画、財政支援、活動拠点の整備、表彰・顕彰、
　若者組織の設立、自主的な活動の機会、推進会議）

●評価、見直し

●委任

（出典）松下啓一・倉根悠紀『若者参画条例の提案―若者が活き活きと活動するまちをつくるために』（萌書房・2018年）

・**計画**

　若者参画政策の多くは、行政計画として策定されている。

　行政計画は、「行政権が一定の公の目的の実現のために目標を設定し、その目標を達成するための手段を総合的に提示するもの」（塩野宏『行政法Ⅰ第6版』有斐閣・2015年・213頁）である。

　さまざまな分類ができるが、法的効力により、

① 　市民に対する法的効果・拘束力（外部効果）を有するもの（土地区画整理法による土地区画整理事業の策定・認可など）

② 　市民に対する法的拘束力は持たないが、行政機関を拘束するもの（高速自動車 国道法の整備計画など）

③ 　国または自治体の行政上の指針を示すもので、法的拘束力は持たないもの

に分類ができる。

　若者参画政策は、③に該当する。法的拘束力を持たないといっても、行政は着実に実行する責務を有している。

（2）若者組織

　若者組織の設置については、条例、要綱、行政外の任意組織とするものに大別される。

・**条例**

　条例とする意味は、若者参画政策と同様である。新城市若者議会、富田林市若者会議がこれに該当する。

　新城市若者議会は、若者条例第10条において、市長は、「若者総合政策の策定及び実施に関する事項を調査審議させるため、新城市若者議会を設置する」と謳われている。この規定を受けて若者議会条例が制定されている。

　若者議会の所掌事務は、次の事項である（第2条）。

（1）市長の諮問に応じ、若者総合政策の策定及び実施に関する事項を調査審議し、その結果を市長に答申すること。

（2）その他、若者総合政策の推進に関すること。

　富田林市若者会議は、富田林市若者条例に、「市は、若者が市政等に参画する機会を確保するため、富田林市若者会議を設置する」（第7条）と規定している。

・要綱

　要綱は、長等がある事項について行政指導その他の事務を行うための一般的な内部基準である。要綱には、住民に対する法的拘束力や裁判規範性もない。しかし、職員は要綱に従って業務を行わなければならないから、結局、住民に対して要綱に従った行動を求め、その結果、要綱は事実上の法規として機能することになる。

　富田林市若者会議は、若者条例をうけて設置要綱で詳細が定められている。一般的には、要綱によって若者会議を設置する場合が多い。本書では、伊賀市、富田林市、豊橋市の設置（実施）要綱を比較してみた（資料Ⅳ－2）。自治体ごとに、力点の置き方や要件が異なっている。

・行政外の任意組織

　行政外の任意組織として、若者会議がつくられる場合も多い。本書で取り上げた多摩市若者会議、相模原市南区若プロも、行政外の任意組織である。もともと行政が設置した組織ではないため、要綱や条例などはなく、各組織で自主ルールを定めている。

　ただ、若者会議は、自治体の施策を推進する上での有効な取り組みといえることから、担当課が事務局として、任意団体の事務や活動を支援する場合もある（前橋の地域若者会議）。

　また、協働事業助成制度によって、行政の後押しを受けている若者会議（蒲郡若者議会）、行政の事業を受託している若者会議もある（多摩市若者会議）。

資料Ⅳ－2　若者会議設置（実施）要綱

	伊賀市若者会議設置要綱	富田林市若者会議設置要綱	豊橋わかば議会実施要綱
目的	第1条　自らが地域の担い手となり、より良い伊賀を創る意識と実行力を持った若者を発掘・育成することにより、市政への市民参画を促進し、伊賀市シティプロモーションをガバナンスの視点から効果的かつ持続的に推進するため、伊賀市若者会議（以下「若者会議」という。）を設置する。	（設置） 第1条　富田林市若者条例（令和2年富田林市条例第37号）第7条に規定する若者が市政等に参画する機会を確保するため、富田林市若者会議（以下「会議」という。）を設置する。	（趣旨） 第1条　この要綱は、豊橋わかば議会（以下「わかば議会」という。）の運営に関し、必要な事項を定めるものとする。
活動内容	第2条　若者会議は、次に掲げる活動を通じ、前条に掲げる人材の育成を目指す。 （1）伊賀市シティプロモーションの推進のために実施する事業への参画及び協力 （2）市政の特定事項に関する意見及び提案	第2条　会議は、次に掲げる事項について検討及び協議を行い、その結果を市長に報告するものとする。 （1）富田林市のまちづくり全般に関する事項 （2）前号に掲げるもののほか、市長が必要と認める事項	第2条　わかば議会は、次の事項を所掌する。 （1）政策の提案を行うための調査研究を行い、その結果を市長に報告すること。 （2）その他わかば議会に関し市長が必要と認める事項
メンバーの決定要件	第3条　若者会議のメンバーは、原則として公募により募集を行うものとし、地域、年齢、性別等を考慮して決定するものとする。 第4条　若者会議のメンバーは、前条の規定による募集に応募した時点において、18歳以上35歳以下の者であって、市内に在住、在勤若しくは在学する者又は本市にゆかりのある者とする。	第3条　会議は、委員20人程度で組織し、次に掲げるまちづくりに意欲がある若者のうちから、市長が委嘱する。 （1）市内に住所を有する者又は市内に所在する事業所、団体、学校に通学し、若しくは通勤等をする者 （2）市内で活動する者又は市内で活動する事業所、団体、学校等に所属する者 （3）市の事業に協力する者又は市の事業に協力する事業所、団体、学校等に所属する者 （4）前3号に掲げるもののほか、市長が適当と認める者	第3条　わかば議会は、若者委員（以下「委員」という。）20名以内で組織する。 第4条　委員の選考を公正に行うため、豊橋わかば議会委員選考委員会（以下「選考委員会」という。）を設置する。 2　選考委員会は、次に掲げる職にある者をもって組織する。（1）市民協創部長（2）政策企画課長兼未来創生戦略室長（3）市民協働推進課長（4）子育て支援課長 3　選考委員会には委員長を置き、市民協創部長をもって充てる。 4　選考方法は別に定める。 第5条　委員は次に掲げる者から決定する。 （1）市内在住、在学又は在勤するものであって、その年度において中学校卒業以上25歳までのもの （2）前号に掲げる者のほか、市長が必要と認めるもの

任期	第5条　若者会議のメンバーの任期は、第3条の規定によりメンバーとして決定した日から当該日の属する年度の翌年度の3月31日までとする。ただし、再任を妨げない。	第4条　委員の任期は、1年とし、再任を妨げない。ただし、委員が欠けた場合の補欠委員の任期は、前任者の残任期間とする。	2　委員の任期は1年とする。 3　委員は、再任されることができる。
報酬・費用弁償	第6条　市は、若者会議のメンバーに対し、交通費、駐車場代、資料代その他必要な経費に相当する金額を支払うことができるものとする。 2　前項による支払金額は、毎年度予算の範囲内で別途定める。	会議1回出席につき、3,500円と交通費	3,000円／日
庶務	第7条　若者会議の庶務は、総合政策課において処理する。	第8条　会議の庶務は、若者施策担当課において所管する（生涯学習課が担当している）。	第9条　わかば議会の事務局は、市民協働推進課に置く。

（出典）筆者作成

2
政策推進のための重点施策

（1）認知・周知

　若者参画政策を講じ、そこに予算を投入するとき、「なぜ、若者なのか」との疑問を持つ人もいる。若者参画政策の必要性や意義を丁寧に市民に伝え、理解を得ることが必要となってくる。

①総合計画への位置付け

　地方自治法の改正で、総合計画策定の義務付けはなくなったが、最上位の計画として、総合計画を策定している自治体は多い。総合計画は、自治経営全般の基本的な理念や方針、主な事業を示すものであり、自治体は、この計画に沿って施策、事務事業を展開していく。

　若者参画政策を総合計画へ位置づけることによって、「自分のまちには若者参画政策が必要だ」ということを全庁的に自覚し、市民に対しても、共に取り組んで欲しいというメッセージを投げかけることができる。

②広報・PR

　普及啓発手法は、不特定多数を相手に、その意識やモラルに働きかける手法である。ポスター等によるPR、講演会やシンポジウムの開催、PR・啓発のための各種イベント、メディアの活用（テレビ、ラジオ、新聞、インターネット等）、統一コンセプトによるPR（キャッチコピー、シンボルマーク、イメージキャラクター、シンボルカラー等）等がある。

　PR・啓発にあたっては、若者の視点に立った、多くの若者が共感できるようなものを提供する必要がある。若者参画では、まず若者を集めることが容易ではないが、新城市若者議会では、行政色が感じられないアピール力の

強いポスターをつくっている（166頁参照）。

　また、若者参画政策は、若者だけでなく、若者を取り巻く社会全体の変革が必要になる大人政策でもある。若者参画が自分や家族の暮らしやすさや将来と直結していることから考えていけば、容易に自分事として理解できるはずである。大人（親）をターゲットにした普及啓発も重要である。

③強化月間

　啓発強化月間を設定し、この時期、特に力を入れて若者参画の意義を理解し、また参画の実際に触れる環境をつくるものである。注目を集めることで、興味のある者以外にも、効果的に周知することができる。

　新城市の若者条例には、若者活躍推進月間の規定がある（第15条）。「市は、若者活躍推進月間において、その趣旨にふさわしい施策を実施するよう努めるものとする」とされている。そのほか、若者週間、若者の日を制定することもあるだろう。

--（2）基盤・条件整備

　若者参画に向けた基盤整備である。具体的には、若者参画のための情報提供や情報発信の仕組み、ヒト、モノ、場所、カネ等の支援等がある。

①若者の声を聴く仕組み

　これまで若者の本音や思いを把握し、まちや地域づくりに活かす仕組みがほとんどなかった。若者も広聴制度の対象であるが、若者にとって、利用勝手のよい仕組みとはいえないので、若者の声を適切に聴ける実践的で効果的な広聴制度を考える必要がある。

　その制度設計にあたっては、

　　・意見を言いたいと思った時に言えるようになっているか

　　・窓口がわかりやすく明確になっているか

・初期対応が、若者の不安に対応できるレベルに達しているか
などがポイントになる。

この点から、既存の広聴制度（市民意識調査、市政モニター、タウンミーティング、まちづくり懇談会等）を見直してみたらよいであろう。

②若者への情報提供・発信の仕組み

広報紙やホームページ等により、様々な情報が発信されているが、若い世代が積極的に情報を受け取りに行かない限り、若者には届かない。実際、行政が発行する広報紙やホームページから情報取得をする若者の割合は極めて低く、また、発信している側（行政）の一方通行となっていることが多い。

若者は、生活情報の収集や発信は、もっぱらインターネットやSNSである。SNSは、自動的に、かつリアルタイムに情報を得ることができ、受け取った情報に共感すると、その情報が友人から友人へと拡がっていく。若者への情報提供・発信のツールとして、SNSの活用法を開発するとともに、積極的に活用していくべきだろう。

③相談

相談には、若者からの相談と、地域コミュニティ・ＮＰＯ等からの相談がある。

若者側からは、地域のまちづくりや社会参画するにあたって、機会、場所、不安等に関する相談が考えられる。気軽に相談できる窓口や相談事項に関するノウハウを蓄積しておく必要がある。他方、地域やＮＰＯからは、若者を集める方法や受け入れ側が留意すべき事項等に関する相談などが考えられる。

相談には、専門知識、実務経験、ネットワークなどが必要であるが、現時点で、若者参画に関して、相談に応じられるまでの知識、経験等が十分蓄積されているかは疑問である。ノウハウの蓄積とともに、相談員の育成・充実、相談窓口等の整備等に取り組む必要がある。

④メンター制度

　若者参画を自治体の政策として根付かせるには、政策を推進する自治体職員が、若者参画政策の理念を正しく理解し、若者に寄り添い、若者参画の実践ができることが必要である。

　学びは、事務室における研修だけでなく、実践の場における学びも重要である。若者参画は現場で起こっているからである。

　新城市のメンター制度は、おおむね 39 歳までの市職員が経験・知識などを活かし、若者議会委員と協力しながら政策立案のサポートをする仕組みである。メンターとして、若者と協力しながら政策提案をする過程は、若手職員にとって、何よりの研修になる。

⑤活動拠点の整備

　若者が身近で気軽に集える地域の居場所である。

　まちや地域と若い世代がつながり、お互いに信頼し合うためには、サードプレイスのような出会いや交流の場づくり、機会づくりが有用である。

　この活動拠点では、施設や設備を利用するほか、活動に関する情報を収集・提供、学習の機会、相互交流の機会、相談等も行うことができる。

　多摩市若者会議の未知カフェ（MichiCafe）は、サードプレイスを目指すもので、若者自らがクラウドファンディングで、自らつくっていった（97 頁参照）。

⑥財政等の支援

　金銭的誘因をテコに政策目的の実現を図るものである。経済的助成措置と経済的負担措置があるが、若者参画では、経済的助成措置が有効である。

　まち・地域づくりに参画するに当たっては、交通費等について金銭的な負担を感じて、参加を躊躇する若者もいる。交通費程度の経済的助成措置を講じる必要がある（若者会議における報酬・謝礼は 47 頁参照）。

　ただ、財政状況が厳しいなか、自治体側も団体側も予算確保は容易ではない。若者基金を住民や企業からの寄付金額と同額を行政も積み立てるマッチングギフト方式も検討してみるとよいであろう。

財政支援だけでなく、管理する施設、設備・物品の貸付け等も有用である。

（3）推進

　若者が、まちづくりや自治体政策の策定、実施、評価等に、気軽に参画でき、闊達に議論し、活き活きと活動できるような推進のための制度、仕組みづくりが必要である。

①目標値の設定

　市民参加制度は、すでに多くの制度や実績がある。これを若者参画という観点から、再構築してみるとよい。

　男女共同参画政策では、半分を占める女性が参画しないのは、不自然・不合理という発想から、審議会等に女性参画枠を設け、女性の参加率向上を目指し、成果をあげている。同様に、世代の30％いる若者が、参画しないのは、不自然・不合理であるので、男女共同参画の諸施策をヒントに考えていったらよいであろう。

　まずは、クオータ制を設け、審議会やその他委員会に若者枠を設け、目標値を設定したらどうだろう。

②若者参画ビジョンの策定

　総合計画の分野別計画として、若者参画基本計画を策定するものである。

　新たに計画をつくる場合と子ども・若者育成支援推進法に基づく子ども・若者プランに若者参画部分を強化、追加する方法がある。

　若者参画政策推進計画の内容としては、総論で、計画策定の趣旨、概要、推進体制を明確化し、若者参画政策の総合的な推進を図ることを明らかにする。次いで、若者参画政策の現状を分析し、その対策として、重点的に取り組むべき課題を中心に、普及啓発、誘導支援、行政主導等の手法により施策を展開することになる。

　この計画の推進に当たっては、若者にかかわる部局が連携し、全庁的な取り組みを行うとともに、計画の進行管理を綿密に行うことも必要である。

　若者参画政策計画の見直しについても、今後ますます、全国でさまざまな若者参画の試みが行われ、有用な知見も蓄積されてくるので、それら動きに注視していく必要がある。

　多摩市では、現行計画として、「多摩市子ども・子育て・若者プラン」があるので、条例制定を受けて、このプランの改定時に、若者参画の基本方針、施策、達成目標の反映を内容とする改訂を行う計画となっている。

③インターンシップの活用

　若者の社会参画を実践する手法の一つにインターンシップがある。

　インターンシップは「学生が在学中に自らの専攻、将来のキャリアに関連した就業体験を行うこと」（「インターンシップの推進に当たっての基本的考え方」平成9年9月18日文部省、通商産業省、労働省）と定義付けられている。またインターンシップの実施により「自己の職業適性や将来設計について考える機会となり、主体的な職業選択や高い職業意識の育成」を図るものである。

　インターンシップによるまちおこしの成功例が、長野県小布施町の「地域づくりインターン」である。もともとは、小布施町のまちづくり（情報発信）を目的としたインターンシップであるが、これに参加した学生が、実行委員会を結成して、小布施若者会議を開催した。

　小布施若者会議をきっかけに、町へのモデルツアーの実施や商品開発、全国の長野県出身者の集会が行われるなど、町を越えた取り組みにまで発展している。

　小布施町のケースをみると、インターンシップは単なる就業体験の場ではなく、若者の視点によるまちづくり手法になる可能性がある。

④マッチング制度

　若者の思いや力と地域のニーズをマッチングさせるものである。

若者のなかには、地域貢献意欲やボランティア参加意欲を持ち、その能力を地域や社会のために活用できたらと考えている者もいる。他方、地域社会は、若者の力を必要としている。しかし、現状は、その両者を結びつける仕組みが弱い。

相模女子大学マッチングプロジェクト（マチプロ）は、若者たちが始めたマッチング制度のひとつである（149頁参照）。

⑤表彰

参画する若者とその参画を促進、支援する団体・事業所を表彰するもので、「若者参画の見える化」でもある。

表彰は、名誉や名声などの社会的誘因や組織メンバーの満足や生きがいなどの心理的誘因となるので、若者自身や若者の活動を支援する団体等の後押しになる。

参画の見える化で、地域社会の関心を集めることもできる。表彰された先駆的・継続的な活動は、他の見本になり、それをヒントに活動が広がるきっかけにもなる。

表彰の方法はさまざまで、参加者に辞令を交付するのも、そのひとつである。若者が公的な役割を担当したら辞令を出すもので、辞令は、市長名義でなくてもよく、部長名義、課長名義でもよい。ともかく公の立場からの辞令ならば、就活のときのエントリーシートに書くことができる。辞令は紙一枚のことではあるが、若者の自信につながっていく。千葉県匝瑳市では、「ボランティア活動貢献学生」に市長から「ボランティア活動貢献学生認定書」が交付されるが、その認定書は進学、就職活動などにおいて使用することもできると実施要綱にも明記されている。

⑥抽選による若者の参画制度

地域やまちづくりに参画してみようと考える若者もいるが、自らその一歩を踏み出すことは容易ではない。無作為抽出による若者参画システムは、若者が、一歩を踏み出す後押しとなるシステムである。

　参加者を住民票によって無作為抽出し、個人宛の通知において、参画を求めるものであることから、受け手に「特別感」を与え、「せっかくだから参加してみるか」と背中を押すきっかけとなる。

　先行事例では、若者の参加率は１％程度で、3,000 通出せば、約 30 人の参加がある。１％は少ないように見えるが、「やってみよう」という意欲のある若者 30 人を発見、参画させることが容易なことではないことは、若者参画に取り組んでいる人たちならば、よく分かるだろう。

　もうひとつ大事なことは、一度参加した若者を逃がさないことである。無作為抽出で参加した人へのアンケートをみると、「また参加を求める案内が届いたら参加する」との答えが、全体の 30％、「日程が合えば参加する」との答えと合わせると約 60％を占めている。つまり、一度のきっかけが、今後の若者の社会参画につながっていく可能性があるということである。せっかくのつながりを活かすことも大切である（具体的な手法については、拙著『事例から学ぶ　若者の地域参画　成功の決め手』（第一法規・2020 年）にまとめてある。参考にしてほしい）。

⑦若者会議

　若者会議については、すでに詳細にふれた（40 頁参照）。

　若者会議の制度設計にあたっては、一方的な要望・提案の場ではなく、若者が、自らの手によってまちや地域の活性化を体現でき、若者の主体的で積極的な参画を後押しするような創造型、提案型の会議としたい。

（4）持続・継続

　若者参画をスポット的、一過性のものとせず、持続・継続するための施策領域である。

①国の方針の明確化と環境整備

国に求められているのは、方針の明確化と市町村が若者参画のための諸施策を実施するための環境整備である。

　まち・ひと・しごと創生総合戦略を受けて、全国の自治体で地方版の総合戦略がつくられたが、その内容は、どこも、

・地方における安定した雇用を創出する

・地方への新しいひとの流れをつくる

・若い世代の結婚・出産・子育ての希望をかなえる

・時代に合った地域をつくり、安心なくらしを守るとともに、地域と地域を連携する

の４本柱が基本目標である。

　地方創生で目指すのは、住みたいと思うまち、戻って来ようと思うまち、遠く離れていても、気になるまちづくりである。要するに、若者にとって魅力的なまちをつくろうというのが地方創生の本意である。

　魅力的なまちのひとつが、若者が認められ、出番があるまちである。国の総合戦略のなかに、若者参画を明確に位置付けるとともに（それが地方交付税の基準財政需要額に連動してくる）、自治体における若者参画を後押しできるように、強いリーダーシップを発揮すべきである。

　さらには、若者参画を含む住民自治の政策が、自治体の標準業務であることを公認し、その財政的な裏付けとなるように、基準財政需要額への追加にも取り組んでほしい。

　②**主権者教育の実践**

　日本の若者は、「社会をよりよくするため、私は社会における問題の解決に関与したい」、「私の参加により、変えてほしい社会現象が少し変えられるかもしれない」という意識が弱いのはすでにみたとおりである（15 頁参照）。

　若者参画は、まちづくりや社会への参画を通して、公共的課題にかかわる市民を育成することになり、シティズンシップ教育になる。

　2022 年度から実施される高校の新学習指導要領では、主権者教育の充実

を図る必修科目「公共」が新設された。若者の公共参画が、公民科の中核科目となった。

　新科目である公共は、

　　・公共空間を作るのは自分たちであり、それゆえ公共に関心を持ち、公共の主体であることの自覚を持てるようにすること

　　・自分たちが、自立した公共主体として、国家・社会の形成に参画できるような力を蓄えること

　　・地域、国家・社会、国際社会へ主体的に参画できる力を育てること

で構成されている。

　若者参画は、若者がシティズンシップを体得する有効な機会である。それがひいては日本の民主主義を強めることにもなる。

③子ども・若者育成支援推進法及び子供・若者育成推進大綱の改正

　子ども・若者育成支援推進法及びこの法律を受けた子供・若者育成支援推進大綱では、全ての子供・若者の健やかな育成として、①自己形成のための支援、②子供・若者の健康と安心安全の確保、③若者の職業的自立、就労等支援、④社会形成への参画支援を定めている。

　しかし、この大綱では、若年層を権利主体として扱う記載がなく、子どもや若者は、独自の価値や権利を持つカテゴリーという発想が消えて、単に「大人以前の存在」という位置づけにとどまっている。また、大人や社会側の在り方を見直すといった理念は、後景に退き、子どもや若者の支援や応援といった後見的内容が強調されている。ＥＵの若者白書が、社会参画といったシティズンシップの観点を第一に掲げていることと比べると彼我の差は大きい。

　少子化や超高齢化が急速に進むなか、社会の持続には、若者の主体的、自立的な活動が不可欠である。それゆえ若者政策は、若者個人の責任と対応に委ねるだけでは不十分で、社会全体において、きちんと制度的裏付けを持つ政策として取り組むことが必要である。次の見直し時期には、あらためて権利の主体性と若者参画を真正面から検討してほしい。

オンラインと若者参画

オンラインの活用は、まちづくりに新たな可能性を開いた。
今こそ、若者の出番である。

1
コロナ禍と若者

（1）つながりの希薄化と若者の挑戦

　コロナ禍は、人やまちに、さまざまな影響を与えた。最も大きいのは、人のつながりの分断である。

・固いつながり・緩いつながり

　つながりには、家族や親せきのような固いつながりと、地域やまちづくりなど緩いつながりがある。人は一人では暮らせないが、この両者が混ざりあったところが、最も居心地がいい。人は汽水域で暮らす生き物なのだろう。

　コロナ禍は、この人のつながりを分断した。子どもや孫、親や親戚にも、自由に会えなくなって、家族という強いつながりも、ままならないときもあった。さまざまなイベントが中止・縮小され、同じ関心でつながる人が集まる機会が極端に減ってしまった。東日本大震災で、あれだけ人と人のつながりの大事さが喧伝されたのに、コロナ禍では、人と会わないことが推奨され、いわば、一人で生きていくことが、求められるようになった感じすらある。

　固いつながりをそっと後押しし、緩いつながりの機会をたくさんつくっていくのが自治体の役割である。緩いつながりは、選択肢がたくさんあった方がよい。人の価値や好みは多様であるし、環境、状況も刻々と変化する。自分がつながりたいと思ったとき、気楽につながれる機会があれば、孤独や孤立に陥らないですむ。

・つながりの希薄化・若者に与えたダメージ

　つながりの希薄化は、孤独、孤立を深めることになる。男性・高齢であるほど社会的孤立に陥りやすいとされるが、コロナ禍は、若者にもダメージを

与えた。先が見えない不安のなかで、孤独、孤立して過ごすと、ストレスが生まれ、若者の間でも、心身の故障や自殺が目立つようになった。

　・入学時からマスクを外していないため、顔が分からない同級生もいる

　・お昼の弁当が黙食で会話がなく寂しい

　・分散登校で一緒の活動ができない

　・修学旅行の行き先が変更になったり、文化祭が中止になったりした

「学校生活に戸惑いしかない」。コロナ禍が、若者たちも傷つけている。

・若者のチャレンジ（焼津市一斉花火）

　こうした困難を乗り越え、みんなを励ます取り組みが、全国で、若者によって行われている。

　静岡県焼津市の若者たちは、市内13か所の小学校区で、花火の同時打ち上げを行った（2020年11月7日）。コロナ禍で、ダメージを受けている子どもたち、そして大人たちを元気づけるために、企画、実施したものである。

　これを担当した焼津商工会議所青年部や大井川商工会の若者たちは、市役所や教育委員会、商工会議所などに資金面での支援をお願いし、花火の打ち上げの理解と協力のために、市関係部署や各小中学校のほか、PTA連絡協議会、漁協、消防団、自治会連合会、花火業者など、町中を走り回り、それぞれと話をして、一斉花火打ち上げに漕ぎつけていった。

　焼津市は、自治基本条例をベースに、「オールやいづのまちづくり」を実践しているが、この花火企画のコンセプトも、

　・みんなが元気、みんなが笑顔

　・全小学校区での打ち上げ

　・みんなに相談、みんなの協力

である。SDGsは、「だれひとり取り残さない」が理念のひとつであるが、その実践ともいえる。

資料Ⅴ－1　一斉花火（焼津市）

（出典）大島紀彦氏撮影

（2）オンラインの可能性

　コロナ禍で広がったのが、オンラインの活用である。ピンチはチャンス、その可能性を大いに活かしたい。

・オンラインの強み

　日本は、匠が評価される国なので、手作業による熟練がもてはやされ、デジタル化は、吹けども踊らず、一向に進まなかったが、それを一気に転換させたのがコロナ禍である。

　企業でも在宅勤務が広がった。大学ではオンライン授業が定着した。ネット上で品定めをするネットショッピングを誰もが利用するようになった。会議もオンラインが普通になった。

　オンラインの強みは、時間と場所を選ばず、また、他者と適度な距離感でつながることができることである。これで、孤立しやすい高齢者や若者を人や社会とつなげることができるかもしれない。

・隠れていた資源の掘り起こし

　まちづくりでは、その場所（会場や現場）に行く、そこに集まるというのが当然であった。しかし、コロナ禍は、その前提条件を一気に振り払った。

　思えば、これまでいくら知力・知識があっても、会場まで行けないというハンディだけで、有為な人材をオミットしてきてしまった。社会全体でみると、高齢者、障がい者、地方在住者も含め、有為な人材は、会場に行けないという理由だけで力を出していないというのは、もったいない話である。社会的には大きな損失といえる。

　コロナは、悪さをした反面、オンラインという新たな可能性を開いたのだと思う。顕在化している資源は、もう限りがある。隠れた資源を掘り起こし、最大限活用していくのが、自治経営である。

・緩いつながり、ソフトなつながり

　焼津市のまちづくり市民集会は、例年ならば、市民・議会・行政の３者が会場に集まり、にぎやかに、まちの未来を楽しく、語り合い、聴きあう場として開催してきた。

　しかし、コロナ禍の 2021 年度は、Zoom を利用し、with 時代の新しいつながり方を考えた。

　高校生から 80 代の高齢者までの幅広い年代が参加して、

①コロナ禍によって変わったこと、苦労したことなどを共有し、

②その現状や課題を乗り越えていくために、「こんなことをしたら解決する！」「こんな仕組みがあったらいい！」といったアイディアを出し合い、

③ with コロナの先を見据えて、「あなたにできること」、「みんなでできること」を話しあった。

　そのなかで、あらためて、つながることの大事さと、オンラインなら若者も気軽に参加でき、若者と高齢者の間で、「緩いつながり、ソフトなつながり」ができることが確認できた。

令和4年1月8日(土)開催

未来につなげるまちづくりⅡ ～with コロナの先へ～

令和3年度　第8回焼津市まちづくり市民集会のまとめ

リモートでもつながる！盛り上がる！

Zoom で つながりの大切さを再確認！

with コロナ時代に 想いを "つなげる" 新たな カタチ

＜ コロナ禍で困ったこと ＞
・人と接する機会が減り、コミュニケーション不足がつらい
・マスクで表情がわからない
・学校行事や自治会活動など、みんなで協力する機会が減った
・保護者や地域の人など、みんなと交流したくてもできない
・デジタルに不慣れな人が取り残される

＜ コロナ禍で生まれたこと ＞
・Zoom で遠い人や普段話さない人とつながることができるようになった
・マスク無しのオンライン会議では表情がわかりやすい
・オンライン会議などにより業務が効率化され、ICTスキルが向上した
・焼津のことや身近なことの良さを知ることができた

≪ つながる方法 ≫
・若者と高齢者の交流の場づくり
　「ゆるいつながり」「ソフトなつながり」
　（若者が高齢者に Zoom を教え、高齢者が若者に文化などを教える）
・どんな世代も参加できる Zoom の講座の開催
　（Zoom を利用できる人を増やしてつながりを広げていく）
・中学生や高校生などの若者が活躍できる仕組みづくり
　（協力が得られるきっかけづくり・活躍できる場づくり）
・いろいろなオンライン講座を開催
　（趣味などの講座の種類を増やし、参加者が選べるように）

つながれる人とつながれない人の「格差」をなくす仕組み

≪ 人とつながる ≫
・Zoom を活用して対話
・学校の昼食時の校内放送を活用
・オンラインのコンテストを開催
・若者と高齢者を現役世代がつなぐ

≪ 地域とつながる ≫
・隣組などの良さを再認識
・高齢者等の外出支援
・ミニデイサービス・居場所支援
・中高生と地域がつながる場づくり

つながる方法を見直すことで

つながりを保ち続け 心豊かなくらしにつなげる

みんなでつながり みんなで支え合う「オールやいづ」のまちづくり！

（出典）焼津市役所提供

・社会人になってもオンラインなら参加できる

　このオンラインワークショップには、私のゼミの卒業生たちが、ファシリテーターとして参加した。

　学生時代、全国のまちづくりに出かけ、活き活きとファシリテーターをやってきたのに、大学を卒業し、就職すると、一気に、まちづくりから遠ざかることになる。もったいないことなので、私としても声をかけたいが、せっかくの休日をつぶし、交通費等の経済的負担を負わせることになるので躊躇してしまう。

　しかし、オンラインだと、一気にハードルが低くなった。遠方からでも、気楽に参加できるし、拘束される時間も限定されるので、負担感もぐんと少ない。社会人になっても、参加できるようになった。

　実際、どのオンラインワークショップでも、若者たちが、昔取った杵柄で、楽しそうに、ファシリテーターをやっている。「センセイ、また声をかけてください」と言われるから、その次も声をかけることになる。

2

オンラインによる若者参画

（1）LINE（ライン）のチャット機能を使う・しまだ未来カフェ

日ごろ使いなれている LINE を使って語り合う試みである。

・LINE のオープンチャット機能を使う

LINE には、オープンチャット機能がある。それを使って、まちのことを話しあってみようという静岡県島田市の試みである。企画は、島田市市民協働課の若い担当者で、若者でなければ思いつかないアイディアである。協力は、地元の NPO シマシマと相模原女子大学マッチングプロジェクトである。オンラインなので遠方からでも参加できる。

開催期間は、2020 年 10 月 23 日（金）〜 10 月 30 日（金）の 1 週間で、アイスブレーキングから始まって、テーマごとに話し合い、アイディアを出し合う場となった。

意見交換するテーマは、（1）商店街の活性化、（2）島田市内の飲食店の応援、（3）公共スペースの活用で、つまり LINE で、商店街振興、おすすめのお店、楽しい公共空間のつくり方を楽しく話しあうという試みである。

進め方は次の通りである。

（1）市役所市民協働課の未認証アカウント LINE（仮称：シマイロ）を立ち上げる。さらに LINE 付帯機能 LINE Open Chat を使って、まちづくりに関わるテーマを話し合うチャットルームを 3 部屋作成する。

（2）参加希望した市民に対し、まずは「シマイロ」の案内を送付し友だち追加後、チャットルームを紹介する。

（3）チャットルームに入室したら、市民はテーマに沿った市民同士の意
　　見交換を行いながら、地域の活性化に活かせることはないか模索しグ
　　ループごと話し合い、その内容をまとめる。

資料Ｖ－3　LINE によるチャットの様子

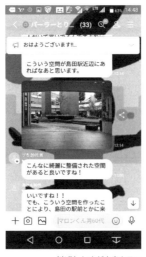

（出典）しまだ未来カフェ

・若い世代が参加

　参加者は、18 歳から 74 歳までの市民 3,000 人を住民基本台帳から無作
為で抽出して募集した。参加率は、1.5％だった。島田市では、リアル会議
の無作為抽出もやってきたが、その参加率は 1 ％弱だったので、市民がより
参加しやすい方式といえよう。

　実際の参加年代は、20 代、30 代、40 代が中心となった。いつもなら、
なかなか参加しない世代である。これは、LINE 効果であろう。

　　・市民が普段、使用している LINE なので、操作的にも心理的にも受け入
　　　れやすい
　　・市民は、好きなテーマで、好きな時間に、好きなことをつぶやくことが

できる

　たしかに、私も、電車のなか、一休みしているときなど、自由に参加できた。メールとは違い、テンポよく会話が進んでいた。

　運営は、市役所の職員や島田市のＮＰＯメンバーが、全体の進行管理（テーマの提供や進行、不適切発言の注意など）を担当した。マチプロのメンバーは、話が弾まないときに、声をかけるなどの役割が与えられたが、参加者が闊達に議論するので、そんな出番はなかった。

　この LINE によるチャット方式は、「みんなで意見や情報を出す」という機能に向いている。さらに、工夫を重ねれば、新たな参画方法として、使えるだろう。

（2）オンラインフォーラム・多摩市

　ZOOM などを使ったオンラインフォーラムは、一般的になった。

・ZOOM などを使ったオンラインフォーラム

　ここでは多摩市の子ども・若者フォーラムを紹介しよう。

　多摩市では、子ども・若者の権利を保障し支援と活躍を推進する条例の制定に向けて、子ども・若者から意見をもらうオンラインワークショップを行った。検討は２年度にまたがったので、２回行われた（2020 年 12 月 18 日、2021 年 8 月 9 日）

　2021 年度は、子どもの部（小学生 5 年生～中学 3 年生）、若者の部（16 ～ 39 歳）に分けて行われた。条文に関連する主要な要素を抜き出してテーマを設定し、条例要素に関連する意見及び条例制定後の取組のヒントを得ることが目的である。

　リモートによるワークショップとしては、よくできていたと思う。シナリオの一部を紹介しよう。

資料Ⅴ－4　リモートによるワークショップのシナリオ

（若者の部）

> 進行の都合上、アイスブレイクは「ものしりとり」に統一します。
> 時間内で何周回せるかな？

【グループ別】グループワーク①（25分）

自己紹介・アイスブレイク（約10分）
　◇自己紹介（名前、年齢、趣味、今日呼ばれたいあだ名、など）
　◇アイスブレイク：ものしりとり（家にあるものを順に持ってきてしりとり）

【テーマ①】あなたの体験や意見を教えてください！（約15分）
（1）困ったとき・悩んだときに…
　　（子どものとき～最近）困ったとき・悩んだときに、してもらってうれしかったこと・してほしかったこと・してあげたことは？

> （想定場面例）
> 人間関係の悩み事（家族・友人・交際相手・学校・職場）
> 進路・将来への悩み事

（2）チャレンジ・活躍
　★失敗は成功のもと！これまで失敗してしまったときはこうやって乗り越えた、もっとこうすればよかったと思うこと
　★子ども・若者のチャレンジを促すためには何が必要だと思う？
　（自分のこれまでの体験を思い出して、自分はどんなきっかけで挑戦したか、など）

> 例）チャレンジを応援してくれる人がいる、チャレンジする機会がある、チャレンジしている人が身近にいる

> ★進行役の方へ
> ①各グループに分かれたら、
> 　進行役の方からメンバーに、自分のグループの番号を伝えてください。
> 　自己紹介・アイスブレイクを始めてください。
> ②10分経過したら、事務局から各グループにチャットで通知します。
> 　テーマ①の意見交換を始めてください。
> 　全体に戻ってくる前までに、グループで出た意見を発表する人を決めてください。
> ③終了1分前に、事務局側から各グループにチャットで通知します。
> 　終了時間になったら、自動で全体グループに戻ります。

司会の進行に従って、グループで話し合った内容のポイント（1～2つ）を発表。
各グループからの発表の後、松下委員長からまとめてコメントをもらう。

（出典）子ども・若者ワークショップ資料

　ちなみに、「困ったとき・悩んだときに、してもらってよかったこと・してほしいこと・してあげたこと・どのように解決したか」では、次のような意見だった。
　・先輩・後輩が悩みを聞いてくれたことが嬉しかった

・相談した時に、単に答えを返すのではなく自分自身で考えさせてくれた

・引っ越しを機に知り合いがいなくなってしまい寂しかったが、地域の
ワークショップやイベントに参加することで知り合いを増やすことがで
きた

・誰かに相談できる・理解してもらえる環境やコミュニティ

・小・中学生の頃、将来やりたいことが見つからず悩んでいたので、進路
を考えられるように職業体験プログラムがあるとよい

・オンラインフォーラムの参加理由

　オンラインだからといって、若者を集めることは簡単なことではない。い
くら相手が若者でも、ホームページに載せ、ツイッターで流せば、集まると
いうものではない。

　多摩市のオンラインワークショップ（若者の部）では、次のような周知方
法を採用した。

・令和3年度中に16歳〜39歳になる市民2,000人（無作為抽出）へ案
内郵送

・令和2年度ヒアリング・ワークショップ参加者へ個別案内

・たま広報（7月5日号）

・市ホームページ、ツイッター、市LINE通知

・公共施設等へのチラシ設置

　これによって27名の参加申し込みがあった。当日、アンケートに答えた
10名の参加理由は次の通りである。

　ここでも、「郵送で案内が来て、せっかくなので参加しようと思った」が、
大きな参加理由になっている。今後は、この方式のように、若者に直接、声
掛けするシステムをさらに開発すべきだろう。

資料Ⅴ-5　参加者アンケート結果概要（回答者数10人）

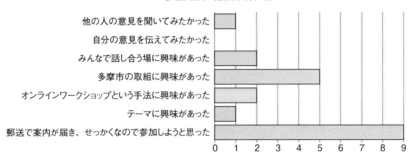

参加理由（複数回答可）

（出典）多摩市子ども・若者総合支援条例検討委員会資料

おわりに

　大学を定年退職して、分かりやすい肩書がなくなり、自分の名乗りを改めて考えることになった。今のところ、「地方自治研究者・政策起業家」と名乗っている。

　地方自治研究者としては、私は、これまでの監視の地方自治から「励ます地方自治」への転換を標榜している（体系的にまとめたものが『励ます令和時代の地方自治—2040 年問題を乗り越える 12 の政策提案』（木鐸社・2020 年）、簡潔にまとめたものとして『励ます地方自治—依存・監視型の市民像を超えて』（萌書房・2016 年））。

　地方自治の実体をよくみると分かるが、たしかに自治体には、国家の管理機構の一部としての役割もあり、そこでは、住民の参加、監視が必要になるが、自治体のもう半分の仕事は、地域の共同体の事務に由来する事務で、ここでは、監視ではなくて、相互の信頼、連携、協力が行動原理となってくる。励ます地方自治は、この地方自治の二面性に注目するものであるが、学会では、残念ながら、ほとんど相手にされていない。ただ、このままいくと、早晩、2040 年問題がのっぴきならないことになるが、その時には、私の励ます地方自治が「発見」され、評価を受けるのではないかと楽観している。

　現在の主な研究分野は、協働と本書のテーマである若者参画である。協働は、創生期の 1992 年からで、もう 30 年も関わっていることになる。私の協働論は、新しい公共論から出発した「一緒にやる協働と一緒にやらない協働」論であるが、「一緒にやらない協働」も、「協働なのに一緒にやらないなんて」と、ほとんど理解されていない（私の協働論は、『市民協働の考え方・つくり方 』（萌書房・2009 年）、『協働が変える役所の仕事・自治の未来—市民が存分に力を発揮する社会』（萌書房・2013 年）を参照）。若者参画のほうは、本書にも書いた通り、2011 年からなので、こちらは、まだまだ創生期である。

　一方、政策起業家のほうであるが、これは地方自治にとって重要だと思う新しい政策を提案する活動である。私は、出自が政策マンなので、単に研究

だけでは満足できず、研究した政策が実際に自治体で採用されるまでを射程に入れて、研究・行動している。

　政策起業家として、仕事でさまざまな市長さんにお会いするたびに、私が大事だと思う新しい政策を紹介してきた。

　若者参画政策についても、何人かの市長さんに、お会いするたびに、これからは若者参画であると、その意義を説いてきた。しかし、どの市長さんも、「いいですね」とは答えてくれるものの、これを政策に掲げる市長さんはいなかった。そのなかで、唯一、「私もそう思う」と応じてくれたのが、愛知県新城市の穂積亮次市長だった。2013年8月25日、第1回の市民まちづくり集会がスタートする前、新城文化会館の3階の控室だった。お弁当を食べながらの話だったと思う。その後の新城市の若者参画政策の展開は、本書に述べた通りである。

　若者参画政策の意義については、本書で詳しく述べたので、繰り返さないが、最後に、私の若者参画政策に関心を持った原点を書いておこう。

　私が若者だった時代は、若者が政治や社会に対して、異議を申し立てる時代だった。若者らしい正義感は、生硬で一直線に過ぎたので、政治や社会が受け入れることが難しかったことは理解できるが、せめて若者のパワーを巧みに取り入れるしたたかさが、当時の政府や社会にあったら、今日の日本は、もっとしなやかで大人の国になっていたのではないかと悔やまれるところである。

　ただ、過ぎたことを悔やんでも仕方がないので、次にできることは、「失敗をチャンス」に活かすことである。少子高齢化、縮減社会、コロナ禍を追い風に変えて、若者の思いを受けとめ、若者のパワーを巧みに取り入れながら、新しい時代をつくっていく。今こそが、そのチャンスだと思う。本書では、若者参画政策を自治体の政策にする道すじを詳しく書いたが、本書を手掛かりに、新しい自治を切り開いてもらいたいと思う。自治体関係者の大いなる奮闘を期待している。

◆本書の執筆にご協力いただいた方々（敬称略）

新城市まちづくり推進課（現 市民自治推進課）

相模原市南区区政課

多摩市企画課・児童青少年課

多摩市若者会議・合同会社MichiLab

豊橋市市民協働推進課

蒲郡若者議会・蒲郡市協働まちづくり課

富田林市生涯学習課

前橋市生活課・前橋の地域若者会議

焼津市市民協働課

東浦町企画政策課

大分市議会事務局議事課政策調査室

こおりやま若者会議

奥山光浩・ONE TEAM YAIZU実行委員会会長

瀬戸航平・座間市役所

著者紹介

松下　啓一 (まつした　けいいち)

地方自治研究者・政策企業家（元相模女子大学・大阪国際大学教授）。
現代自治体論（まちづくり、協働、政策法務）。

26年間の横浜市職員時代には、総務・環境・都市計画・経済・水道などの各部局で調査・企画を担当。

著書は、『政策条例のつくりかた——課題発見から議会提案までのポイント』（第一法規）、『市民協働の考え方・つくり方』（萌書房）、『令和時代の励ましの地方自治——2040年問題に対する12の政策提案』（木鐸社）、『事例から学ぶ　若者の地域参画　成功の決め手』（第一法規）など多数。

サービス・インフォメーション

━━━━━━ 通話無料 ━━━━━━
①商品に関するご照会・お申込みのご依頼
　　　　TEL 0120(203)694／FAX 0120(302)640
②ご住所・ご名義等各種変更のご連絡
　　　　TEL 0120(203)696／FAX 0120(202)974
③請求・お支払いに関するご照会・ご要望
　　　　TEL 0120(203)695／FAX 0120(202)973

●フリーダイヤル（TEL）の受付時間は、土・日・祝日を除く
　9：00～17：30です。
●FAXは24時間受け付けておりますので、あわせてご利用ください。

若者をまちづくりに巻き込むための政策立案ハンドブック
──多様な成功事例からよくわかる進め方のポイント

2022年8月5日　初版発行

著　者　　松　下　啓　一

発行者　　田　中　英　弥

発行所　　第一法規株式会社
　　　　　〒107-8560　東京都港区南青山2-11-17
　　　　　ホームページ　https://www.daiichihoki.co.jp/

装　丁　　クリエイティブ・コンセプト

若者政策ハン　　ISBN 978-4-474-07906-9 C0031　(1)